după tradiția ortodoxă

MP
ΘV
IC
XC

ILEANA VASILESCU

Viața Maicii Domnului

Povestiri pentru copii după tradiția ortodoxă

editura Σοφία

București

Luminoasei mele fiice Cristina,
ca semn de iubire și multă prețuire

Redactor: Diana Ghido

Copertă și ilustrații: Ovidiu Gliga

ISBN: 978-973-136-920-4

Descrierea CIP poate fi consultată la
Biblioteca Națională a României

Iubite cititorule,

Auzite din bătrâni, aceste povești ne dau prilejul de a privi o seamă de întâmplări din viața pământească a Maicii lui Dumnezeu cu ochii simplității nevinovate a credinței poporului nostru. Iată de ce, primindu-le de-a lungul timpului ca dar de suflet, în nenumărate chipuri, fie ca sugestii, idei, imagini, fie ca povești cu tâlc, odată ce, la rândul meu, le-am înveșmântat cu sfială în vorbe pline de iubire și credință, le dăruiesc spre a fi citite cu inima și povestite mai departe cu dragoste!

Căci Maica Domnului face parte din viața sufletească și duhovnicească a fiecăruia dintre noi. Numele ei arată neîndoielnic aceasta, Maria fiind un nume cu nenumărate semnificații: Doamnă și Stăpână, Fecioară, Floare din Nazaret, Preacurată, Neîntinată, Mireasă pururi Fecioară, Cea plină de har, Preasfânta Născătoare de Dumnezeu, Sfânta Maică, Pântecele Dumnezeieștii Întrupări, Ușa cerurilor, Biserica lui Dumnezeu, Cheia Împărăției, Apărătoare Doamnă, Ușa Raiului, Lumină cerească, Cheia mântuirii, Surâsul cerurilor... Și pentru că fiecare dintre noi poate doar să se apropie, fie ca om, fie ca părinte, dascăl sau prieten, de sufletul delicat și profund al copilului, are totodată obligația de a-i dărui asemenea „comori sufletești", care să crească și să înflorească odată cu el, spre a-l plămădi în iubirea și înțelepciunea ziditoare ale credinței și tradiției creștine autentice.

Într-o lume tot mai neprietenoasă, basmul, povestea, legenda sunt hrană duhovnicească, forță de viață, binecuvântare...

Ileana Vasilescu

Surâsul Evei

A fost odată ca niciodată, că dacă n-ar fi, nu s-ar povesti și nu s-ar ști Tainele și începuturile..., înțelesurile, adevărul, frumusețea.

Demult, tare demult, la începuturi, știind că nimic nu stă pe loc, Creatorul lumii privea la necuprinsul din jur și cugeta cum să-l facă mai bun. Adam și Eva trăiau fericiți în Rai, bucurându-se de minunățiile, frumusețea, pacea și înțelepciunea aflate acolo. Și ar fi trăit mereu așa fericiți, dacă răul, iscat de mândria lui Lucifer, n-ar fi existat pe lume. Într-o zi, pe când se aflau în preajma Pomului Cunoașterii, de ei s-a apropiat șarpele. Vicleanul, cu glas mieros, i-a îmbiat să mănânce din merele aurite, aflate pe ramuri. Prima a mușcat din minunatul măr Eva, care apoi i-a dat și lui Adam. După ce Eva a mâncat mărul, șarpele s-a aplecat, i-a șoptit în taină, nespus de încet, ceva, și ea a zâmbit îndelung, în tăcere. Anume ce i-a spus șarpele Evei se spune că n-a auzit nimeni. Multă vreme a fost o taină numai de ea știută. Pentru că nu ascultase de Domnul,

Adam nu a ajuns în Rai, ci în iad. Și de voie, de nevoie, trăia acolo împreună cu stăpânul întunericului. De la o vreme, Creatorului I s-a făcut milă de el și a trimis un înger care să cerceteze cum poate fi scăpat Adam din ghearele lui Lucifer.

Așa că a mers îngerul în iad și l-a întrebat pe Adam:

– Ai fi bucuros să scapi mai curând de aici?

– Dar cum să nu fiu bucuros? Însă cine să mă scape, Dumnezeu, pe Care nu L-am ascultat sau poate Lucifer, căruia i-am făcut pe plac?

Auzind acestea, îngerul, după sfatul primit de la Împăratul Lumii, l-a învățat ce să facă pentru a scăpa din iad, și apoi se făcu nevăzut.

Când Lucifer s-a întors în iad cu o falcă în cer și una în pământ, Adam nu i-a dat bineţe și nu i s-a închinat după obicei. Lucifer, mânios foarte, l-a luat la rost pentru această nesupunere, bănuind că a fost sfătuit să facă astfel...

S-au certat rău și, până la urmă, după multe țipete și vorbe grele, Adam i-a promis întunecatului că, de îi va spune cum poate scoate neamul omenesc din iad, vor pecetlui o înțelegere, prin care va deveni supus veșnic al întunericului.

Bucuros peste măsură, Lucifer i-a dezvăluit taina:

– Numai de un bărbat zămislit curat dintr-o fecioară născută din durerea inimii, sângele tău poate fi scos din împărăția mea. Aceea Maria se va numi, iar Pruncul Iisus Se va numi. Dar nu se va întâmpla vreodată, pentru că acestea nimeni nu le știe!

Îngerul, care sta nevăzut în preajmă, auzind acestea, cu minunata lui ureche îngerească, surâzând a alergat în ceruri la Creator și bucuros I-a dat de veste.

Atotputernicul a surâs, căci toate le știa, dar dădea de lucru supușilor Săi, spre sporirea lor sufletească.

Și astfel a început să se țească măreața pânză de aur și azur pământească, de iubire și jertfă cerească.

Bătrânii Ioachim și Ana

Minunate, înțelepte și nebănuite sunt căile Domnului! Sfintele Scripturi profețeau nașterea lui Mesia dintr-o pământeancă, și nu era în Israel femeie care, în taină, să nu năzuiască, în adâncul inimii, la o astfel de minunată binecuvântare.

În Nazaretul Iudeei, trăia o pereche de oameni bogați și de neam bun. Blânda și curata Ana era fiica preotului Levi, care mai avea două fete: pe Salomeea și pe Elisabeta, mama lui Ioan Botezătorul. Bunul Ioachim cobora din neamul vestitului rege David. Adevărata lor bogăție erau sufletele smerite, și nu monedele din pungi și nici acareturile nenumărate ori turmele de oi. Din câștigul lor, care nu era deloc mărunt, ei făceau trei părți egale: una pentru darul către templu, a doua pentru ajutorarea sărmanilor și a treia pentru întreținerea casei lor. Prin sentimentele lor simple, prin bunăvoință și fapte bune ajunseseră la sfânta sfială.

Deși atât de bogați, Ana și Ioachim erau nespus de nefericiți, căci aveau o mare durere: nu aveau copii. Copiii la vechii evrei erau socotiți cea mai mare binecuvântare. Într-o vreme când molimele, războaiele și alte nenorociri scurtau viața oamenilor, cu cât avea omul mai mulți copii, cu atât mai mare era binecuvântarea casei sale. Ioachim și Ana speraseră, an de an, că vor fi binecuvântați cu urmași, dar așteptarea le fusese zadarnică. De acum bătrâni, cei doi nu-și pierduseră speranța și implorau cu lacrimi binecuvântarea dumnezeiască de a avea copii. Și, ca și cum nu ar fi fost destulă tristețe în sufletul lor, într-o zi când au mers la templu cu daruri, arhiereul i-a înfruntat, de față cu toată lumea prezentă:

– Dacă nu aveți urmași, lepădați de Dumnezeu sunteți! Nu mai veniți la templu cu ofrande! Nu le voi mai primi! Dumnezeu, Care știe toate câte sunt pe lume, nu zadarnic vă pedepsește.

Poporul adunat la templu a început să clevetească: „Sunt păcătoși, de bună seamă... Huoo! Lipsa copiilor într-o familie e mare rușine! Pedeapsă dumnezeiască pentru păcate ascunse! Cine știe ce neștiute păcate au aceștia!? Să nu li se primească darurile! Ce mai caută la templu? Să fie alungați! Plecați! Plecați! Huoo! Huoo!"

Ana și soțul ei s-au îndepărtat cu capetele plecate. Nu se știau vinovați cu nimic, trăiau după litera Legii, dar durerea și rușinea erau grele și mari. Ana, mai ales, se simțea de două ori vinovată: o dată în fața lui Dumnezeu și o dată în fața soțului său. Era stearpă. Așa că îi spuse lui Ioachim:

– E vremea, iubite soț, să-ți iei nevastă tânără, care să-ți poată dărui urmași.

Ioachim, gândindu-se cât și-ar fi îndurerat credincioasa soție cu așa faptă, a răspuns:

– Să nu ne grăbim, iubită Ana! Eu voi urca la munte, la turme, iar tu du-te acasă, și patruzeci de zile încheiate ne vom ruga cu post și lacrimi. Astfel poate că vom îndupleca pe Dumnezeu să ne milostivească. Facă-se voia Lui!

Și au făcut întocmai. Iar Dumnezeu, Care iubește pe cei ce-L caută din toată inima, a trimis curând la Ioachim, în munte, pe Arhanghelul Gavriil: „Grăbește de coboară la casa ta, omule, că soața ta va zămisli! Trebuie să știi că ți se va naște fiică în care Se va odihni în pace Duhul Sfânt."

Îngerul a mers apoi la Ana, ca sol al Stăpânului lumii, și i-a vestit: „Nu te teme, Ana! În hotărârile Lumii dumnezeiești trăiește rodul pântecelui tău. Maică fericită o vor numi toate neamurile, bucură-te! Iar Cel Ce Se va naște din pântecele său va fi o minune pentru toate vremurile."

Zguduiți până în străfundul sufletului pentru că văzuseră asemenea chip și auziseră asemenea vorbire, Ioachim și Ana s-au rugat toată noaptea. Bucuroși, cei doi soți au mulțumit și au făgăduit Domnului, că orice va fi copilul, băiat ori fată, îl vor închina Lui și va sluji la templu.

Au urmat zile senine și fericite, în care cei doi părinți așteptau, în negrăită bucurie, împlinirea năzuinței lor de o viață întreagă, surâzând lăuntric de bucuria împlinirii.

Ducerea Mariei la templu

La împlinirea sorocului, Ana, în vechea ebraică Hanna, nume care înseamnă „dar", aduce pe lume o pruncă, născută din durerea inimii. Oamenii toți s-au minunat și au preamărit Creatorul, Care făcuse să lege rod pe Hanna, pomul cel uscat.

De o rară frumusețe, micuța amintea, oricui o privea, de perfecțiunea creației dumnezeiești. La opt zile, părinții au poftit vecinii și rudele la ospățul de mulțumire, pentru binecuvântarea de a avea copii. Ca să o vadă și rudele, mama a adus prunca și cu toții s-au minunat de frumusețea negrăită a chipului ei, de desăvârșirea trupușorului gingaș, de lumina cerească ce o învăluia. Era mereu însoțită de puzderie de îngeri și oricine era în preajma ei simțea o copleșitoare bucurie, pe care însă n-o putea exprima în cuvinte.

Au numit-o Miriam, în limba vechilor evrei, nume care înseamnă „Doamnă și Stăpână". Când a împlinit șapte luni, micuța Maria a făcut primii pași, spre smerita mirare a părinților ei. Pe când avea trei ani, ca învăluită de lumina unei minuni, Maria mergea cu pași siguri, vorbea curgător și se străduia să învețe cântările de laudă către Cer. Când îngenunchea alături de mama sa în rugăciune, radia o lumină îngerească. Mica Maria avea chip de înger, privire senină, zâmbet cald, glas domol, era gingașă, blândă, bună la suflet. Ana mergea zilnic la templu și lua copila cu dânsa, râvnind să-și îndeplinească făgăduința de a închina unica sa fiică lui Dumnezeu. Mare zbucium era în sufletul ei de mamă, cu cât sorocul se apropia, căci, împlinind făgăduința, se lipsea de marea ei bucurie, de lumina și mângâierea bătrâneților sale.

Fiind bătrâni și știindu-și ceasul aproape, părinții s-au grăbit să ducă fetița la templu, deși era mică de ani. Unde ar fi putut fi copila mai în siguranță decât în casa Domnului? Ducând-o la templu, Ioachim și Ana nu-și respectau doar făgăduiala, nu făceau doar un neasemuit dar. Ei făceau o jertfă, lipsindu-se de bucuria creșterii singurei și atât de doritei copile, născute din durerea inimii.

Floarea din Nazaret, cum i se spunea, fu dusă la templu de Ziua Curățirii, mare sărbătoare la vechii evrei, când arhiereul putea intra cu Maria în Sfânta Sfintelor. Aducerea unei fecioare la templu era o ceremonie nespus de frumoasă. Micuța Maria, îmbujorată, dar senină, era îmbrăcată într-o cămașă dalbă, lungă până la glezne.

Avea părul despletit pe spate, fără nici o podoabă, afară de sufletul curat și însetat de Dumnezeu. O însoțea un alai de fetițe, cam de aceeași vârstă ori ceva mai mărișoare, care purtau făclii aprinse și flori albe în păr. Calea pe care trebuia să treacă alaiul era presărată cu mulțime de flori înmiresmate.

În Sfânta Sfintelor se intra urcând douăsprezece trepte maiestuoase, după numărul neamurilor lui Israel. Pragul de aur orbitor simboliza poarta Raiului, și nici măcar arhiereul nu avea voie să-l calce.

Ana, ca orice mamă, și-a făcut griji că micuța se va împiedica ori va aluneca de pe trepte. Maria însă mergea dreaptă, cu pasul sigur dat de o inimă plină de iubire și credință. În ziua aceea, era de rând la templu Zaharia, tatăl lui Ioan Botezătorul. El aprinsese focul de jertfă și se îmbrăcase în veșmântul cu doisprezece clopoței, ce se punea doar la marile sărbători. Când a ajuns în fața pragului, trâmbițe și tunete s-au auzit din tăriile cerului, iar preotul după obicei a întrebat cu glas mare:

– Cine este cea care vine astăzi la templu, asemenea unui răsărit de soare?

În timp ce apuca de subsuori pe Maria, pentru a o trece pragul de aur, arhiereului i s-au deschis ochii sufletului și a văzut ceea ce oamenii aflați de față nu puteau vedea: mulțime de îngeri în văzduh pe trepte, cântând, bucurându-se, revărsând har.

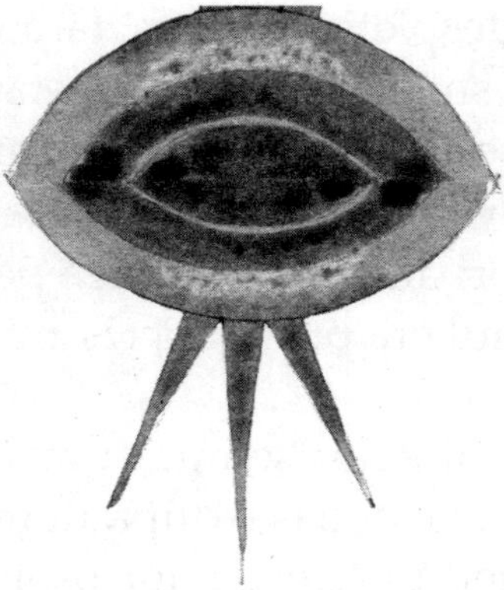

Un glas din ceruri i-a răspuns:

– Mare Preot, Domnul Dumnezeu, Stăpânul oștilor cerești a făcut viu cuvântul lumilor și l-a trimis credincioșilor săi. Trebuie să știi că aceasta este Maica, ce va naște pe Iisus, Cel Care va mântui neamul omenesc! Ea este Ușa mântuirii, Surâsul cerurilor!

În ceruri au răsunat atunci cântece de slavă și bucurie, care s-au revărsat în chip de binecuvântare peste întreaga fire.

Fecioara la templu

Micuța Maria a rămas la templu să slujească după puterile ei, iar părinții s-au întors în Nazaret, slăvind și lăudând pe Domnul. Când Maria a împlinit șapte ani, Ioachim s-a mutat la ceruri. Ana, ca văduvă curată, s-a dus și ea la templu, pentru a sluji și a fi aproape de copila ei. După numai trei ani a plecat la cele veșnice și Ana. Ce rost putea avea o copilă, atât de mică, la templu?

O adevărată cetate era templul din Ierusalim. Și, pentru că era așa de mare, multă treabă era de făcut. Fecioarele bătrâne și văduvele, căci numai ele erau primite, țeseau, torceau, găteau mâncare din animalele jertfite, coceau azime, îngrijeau de hainele preoților, curățau templul. Bătrânele acestea luau pe lângă ele fetițe, pe care le învățau toată treaba ce era de făcut. Când fetele împlineau treisprezece-paisprezece ani, se întorceau în familiile lor și se puteau căsători, cum era obiceiul în vremurile acelea.

La praznicele cele mari: Ziua Curățirii, Cincizecimea, Sărbătoarea Corturilor, toți iudeii se adunau la Ierusalim și veneau la templu. Femeile de la templu aveau mult de lucru, căci făceau legătura dintre popor și preoți, primeau darurile, îngrijeau de buna-cuviință a poporului în templu, găteau și pregăteau animalele de jertfă, se îngrijeau ca femeile venite la rugăciune să nu intre unde nu aveau voie. După praznic rămânea de spălat, de curățat, de pus la loc.

Blânda Maria lucra după puterile ei. Dar, nu se știe cum, tot ce nu izbuteau celelalte făcea ea. Hrana pe care o primea de la preoți o împărțea săracilor. Seara, când treburile erau încheiate, ea se retrăgea în Sfânta Sfintelor, unde se ruga îndelung, trimițând către cer buna putere a cuvântului. Arhanghelul Gavriil îi aducea mană de Sus și, după ce o hrănea, sta cu ea până târziu, ca s-o învețe să scrie și să citească. Apoi Arhanghelul i-a tălmăcit Scripturile. Astfel, ea a cunoscut multe taine și tot ceea ce avea să urmeze. Când au ajuns la Isaia, unde se spunea: „Iată, Fecioara va lua în pântece și va naște Fiu", gândea Maria în marea ei neprihănire și smerenie: „O, dacă aș putea fi măcar slujnica acelei Fecioare!"

Când preotul Zaharia intra în Sfânta Sfintelor vedea și el pe înger stând cu mica Maria și mult se minuna în sinea lui de așa minune, dar nimic nu spunea, pentru că tainele dumnezeiești cer tăcere.

Numai Maria nu se mira și nu băga de seamă lucrurile minunate care i se întâmplau, socotindu-le de la sine înțelese. În rugăciune și citirea Sfintelor Scripturi, Maria petrecea ceasuri de cerească bucurie, căci adevărul și frumusețea te fac fericit și împăcat cu tine însuți.

Astfel, cu statornicie, neabătută, nestrămutată în strădania duhovnicească, Maria pășea pe calea înțelegerii binelui și a rosturilor. Privind lumea, a început să înțeleagă orbirea și neputințele omenești. Și, plină de compasiune, a prins a se ruga pentru izbăvirea neamului omenesc. Se ruga din adâncul inimii sale curate și pline de adevărată iubire, pentru ca Domnul Însuși să-i izbăvească pe sărmanii oameni sau să le trimită un ajutor care să-i învețe calea mântuirii. Și, după rugăciune, păstrând în inimă priveliști nepământene numai de dânsa știute, surâdea îngerilor și adormea împăcată.

La templu erau alte cinci fecioare cam de aceeași vârstă cu Maria, și împreună lucrau ca bune prietene.

Bunul Iosif

Anii au zburat ca gândul, și Maria împlini paisprezece ani. Trebuia să părăsească templul. Așa făceau toate fetele de vârsta ei, se măritau și mergeau în casa bărbatului lor. Preoții cei mari erau în grea încurcătură, căci ea nu voia cu nici un chip să se căsătorească. Fiind orfană, nu avea unde să se ducă, iar la templu nu mai putea rămâne. Iudeea era sub stăpânire romană, și vremurile erau tulburi. În așa timpuri, nimeni nu era în siguranță, dară o Fecioară orfană! Atunci preoții s-au rugat și s-au sfătuit îndelung. Și au hotărât s-o încredințeze unui bărbat în vârstă, care să-i fie ocrotitor, iar nu soț. Dar cine să fie bărbatul acela? Cum să-l găsească? Trebuia să fie cucernic, blând și să-și respecte cuvântul dat, pentru ca Fecioara să fie în siguranță cu dânsul.

Au fost chemați doisprezece bărbați care nu aveau soție. Au venit din fiecare seminție a lui Israel câte unul. Dar cum să alegi? Mare încurcătură! Un înger i-a spus marelui preot: „Ia toiegele și pune-le în Sfânta Sfintelor. Lasă-le acolo peste noapte și cheamă-i dimineață pe toți." Arhiereul a luat toiegele celor doisprezece bărbați și le-a pus în Sfânta Sfintelor. În fierbinți și lungi rugăciuni, preotul a cerut Domnului să-i arate, printr-un semn, cărui bărbat anume să încredințeze pe Fecioara Maria.

A doua zi, în zori, marele preot, cu inima zbătându-i-se tare, mai să-i spargă pieptul, a intrat în Sfânta Sfintelor. Minune mare: unul dintre toiege avea la cap gingașe flori de crin, neprihănite și înmiresmate! Era toiagul bătrânului Iosif, dulgher din Nazaretul Galileei. Toată lumea îl numea Iosif cel Drept. Când Marele Preot a înmânat toiegele celor doisprezece bărbați, dintre crinii crescuți pe toiagul lui Iosif s-a înălțat un porumbel. Multă, multă vreme a zburat prin templu porumbelul și s-a făcut nevăzut în lumină, lăsându-i pe toți muți de uimire.

În acea noapte, Maria a avut un vis minunat și plin de tâlc. Se făcea că Stăpânul lumii era soarele. Singur pe cer, se rotea întruna, în jurul pământului frumos și bogat, plin de cele mai felurite ființe și frumuseți: nesfârșite mări albastre, mari întinderi de uscat, văi, râuri repezi cu apă cristalină, munți semeți, câmpii mănoase, pline de felurite plante cu flori minunate, animale și păsări, codri bătrâni cu poieni scăldate în lumină și pline de zumzet de albine... Dar minunată cu adevărat îi părea soarelui o fântână rotundă. Era mărginită de pietre albe, rubinii, verzi-smarald, albastre, negre, violet, cu o apă cristalină și rece, în care se oglindea anume, când ajungea în crugul cerului. Oglindirea aceasta îl umplea de mare bucurie, pentru că ființa fântânii era atât de plină de iubire, bunătate, frumusețe, încât strălucea de-ți lua vederea. Azi așa, mâine așa, soarelui îi căzu dragă fântâna și, cu puterea lui nemărginită, desprinse inima lui din piept și i-o trimise fântânii, în chip de stea. Mai întâi steaua se opri deasupra fântânii, se oglindi în adâncul ei și apoi deodată se aruncă în apă. De cum steaua se cufundă în apă, fântâna se preschimbă în Fecioară și zămisli un Prunc. Când Fecioara aduse pe lume Pruncul, trei Înțelepți veniră să salute pe micul Împărat. I-au sorocit de bine și I-au făcut daruri: aur, smirnă și tămâie. Multă vreme Maria nu și-a mărturisit nici sieși înțelesul visului.

Iată și ziua logodnei. Maria este gătită ca o mireasă. Chipul ei îngeresc are o frumusețe nepământeană. O lumină cerească o învăluie cu totul pe Preanevinovata Maria. Iosif simțea că și-a luat o sarcină grea. Dar frumusețea, blândețea și smerenia Mariei îl copleșeau, făcându-l să se bucure de ceremonie.

„Oare cui surâde Fecioara?" se întreba arhiereul, și deodată vede deasupra logodnicilor cetele de îngeri, apoi le aude cântecul..., doi îngeri țin deasupra capului Mariei o cunună cerească. Logodna de pe pământ era, în ceruri, nuntă adevărată.

Astfel, Dumnezeu S-a îngrijit ca Fiul Lui să aibă pe pământ o familie, care să fie pildă vie în veac. A preferat ca oamenii, în nimicnicia lor, să pună mai degrabă la îndoială dumnezeiasca naștere a Fiului Său decât cinstea Sfintei Fecioare, mama Lui. Și toate cetele îngerești surâdeau la vederea lor.

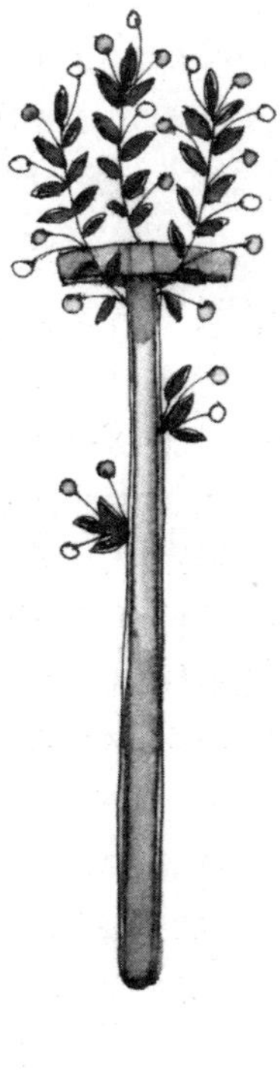

Vestea cea Bună

În micul oraș Nazaret, Iosif și Maria trăiau în căsuța lor modestă. Iosif lucra, din zori și până seara, tâmplărie, nerămânându-i prea multe clipe de răgaz. După ce termina treburile gospodărești zilnice, Maria lucra pentru templu. Ea păstrase legătura cu femeile și preoții de acolo. În chip de odihnă, se închidea în sine și se ruga îndelung. Mare bucurie erau pentru ea ceasurile serii și nopții, când se putea ruga netulburată de nimeni și de nimic! Deși trăia într-o casă obișnuită, alături de bătrânul ei ocrotitor, Maria nu-și schimbase cu nimic viața sufletească. Rămăsese la fel de smerită și curată, păstrând cu sfințenie legile templului privind viața trupească și sufletească. Avea vii în suflet vorbele prorocului Ieremia: „Înainte de a te fi zămislit în pântece, te-am cunoscut, și înainte de a ieși din pântece, te-am sfințit și te-am rânduit proroc pentru popoare."

... Și ea înțelegea că orice suflet pentru a veni pe Pământ avea trebuință de vas ales.

Maria tocmai țesea o dveră cu fir de purpură și aur. Mâinile lucrau, dar gândurile ei erau înălțate la ceruri. Era vineri, pe la ceasul al șaselea. Arhanghelul Gavriil, trimisul lui Dumnezeu, sta lângă Fecioară. El, ființa cerească, se desfăta cu frumusețea gândurilor ei vii și pacea ei sufletească. Și nu se îndura să o întrerupă, ca să-i vorbească. Nu îndrăznea să tulbure atâta neasemuită frumusețe de duh, care se revărsa spre ceruri, hrănind cetele îngerești.

I s-a făcut sete Mariei. A luat cofa, a ieșit la fântâna care și azi se numește „Fântâna Fecioarei". Când s-a întors, o rază de lumină s-a oprit pe perete închipuind o cruce luminoasă, care iradia iubire. Atunci i s-a arătat Arhanghelul.

I s-a închinat cu o plecăciune adâncă și cu glas mare, ceresc, astfel i-a vorbit:

– Bucură-te, cea plină de har, Marie, floare din Rai, Domnul este cu tine! Binecuvântată ești tu între femei...

Maria cunoștea pe înger de la templu. Dar, în Casa Domnului, îngereasca arătare era firească. Aici, în casa unui tâmplar și a unei orfane, era lucru de mirare. Fecioara s-a cutremurat. Cunoștea bine Scriptura, știa că Lucifer poate lua orice înfățișare, chiar și îngerească. Nu voia cu nici un chip să pățească ceea ce pățise Eva, să se lase ispitită. Și-apoi să fie astfel salutată de mai-marele cetelor îngerești... Era o cinste peste fire. În smerenia ei, Maria nu găsea nici un rost acestei vedenii. Dar nu s-a temut. L-a privit în ochi, iar el toate gândurile i le-a știut...

– Bucură-te, Fecioară, că ai aflat har de la Dumnezeu!

Apoi arhanghelul îi vestește lucrarea la care era chemată: să fie Mama Fiului Celui Preaînalt.

– Și vei naște un Fiu, Căruia Îi vei pune numele Iisus!

Maria se mira foarte. Ca să fii mamă, trebuie să ai bărbat. Ea nu avea, căci ceremonia fusese de ochii lumii, iar bunul Iosif respectase dorința ei de a-i fi doar ocrotitor. Era de bună seamă o ispită.

– Și cum are să fie aceasta, de vreme ce eu nu am cunoscut bărbat? a întrebat ea.

Arhanghelul s-a grăbit s-o liniștească:

– Duhul Sfânt Se va pogorî peste tine și puterea lui Dumnezeu te va umbri. De aceea, Cel Ce Se va naște din tine Se va numi Fiul lui Dumnezeu.

Acum, după ce felul nașterii i-a fost deslușit, Maria se pleacă. În deplină libertate, plină de smerită credință, rostește minunatele vorbe, care au îngemănat Pământul cu Cerurile:

– Iată roaba Domnului, fie mie după cuvântul Tău!

Duhul Sfânt a umbrit-o și din clipa aceea, în chip minunat, a început a se țese în trupul Fecioarei Trupul Domnului.

Arhanghelul s-a întors la ceruri, iar Maria a rămas să termine lucrul început. O lumină minunată i-a cuprins ființa, și Maria surâdea vieții noi care se zămislea într-însa.

Floarea Mâna Maicii Domnului

Se spune că, după o vreme, Mariei, fiind grea, a început să i se rotunjească pântecele. Oricine putea vedea cu ușurință că așteaptă prunc. Bătrânul Iosif a băgat și el de seamă că Maria este grea și s-a mâhnit în inima lui. El îi era doar ocrotitor, nu și soț. N-a spus nici o vorbă nimănui. Dar gândurile, îndoielile și rușinea îl munceau greu. Iosif era om neprihănit și nu voia s-o facă pe Maria de rușinea târgului, cum era obiceiul la iudei, pentru femeia necredincioasă. Așa că și-a pus în gând să o lase și să plece pe ascuns. Dar, în noaptea când hotărâse să plece, i s-a arătat un înger, care astfel i-a vorbit:

– Iosife, fiul lui David, nu te teme să ții la tine pe Maria ca nevastă! Ce s-a zămislit în ea este de la Duhul Sfânt. Este împlinirea prorocirii! Ea va naște un Fiu și-I vei pune numele Iisus. El va mântui poporul Lui de păcate.

Când s-a trezit, Iosif a făcut după cuvântul îngerului. N-a alungat-o pe Maria, ci a ținut-o ca nevastă. Acum, împreună, cunoscând lucrarea la care fuseseră chemați, așteptau cu bucurie nașterea Pruncului prevestit de îngeri.

Într-o zi, Maria merse să vadă pe Elisabeta, sora mamei sale, care era și dânsa grea. Elisabeta era soața preotului Zaharia, care primise pe Maria în biserică, și mama lui Ioan Botezătorul. Drumul era lung și anevoios, dar Maria mergea cu bucurie ca să-și vadă ruda. Elisabeta, care era pe prispă printre flori, a văzut-o de departe pe Maria venind. Pentru că era înfășurată în mantie, n-a văzut că era grea. S-a apropiat de Maria, și aceasta i-a făcut urările ce se obișnuiesc când vii să vezi pe cineva.

În clipa aceea pruncul din pântecele ei a tresăltat. Și Elisabeta a știut că Maria așteaptă Pruncul, pe Fiul Domnului. Ea s-a bucurat din toată ființa ei spunându-i:

– Binecuvântată ești tu între femei și binecuvântat fie rodul pântecelui tău!

– Domnul cu tine, Elisabeta! a răspuns Maria.

– Cum mi-a fost dat mie, să vină la mine Maica Domnului meu? Fiindcă, iată, cum mi-a ajuns la urechi glasul urării tale, mi-a săltat pruncul în pântece de bucurie!

– Ferice de cei care au crezut..., a mai spus Maria. Sufletul meu preamărește pe Domnul și mi se bucură duhul. Domnul a privit spre noi, iar de acum încolo, neamurile mă vor ferici, pentru că Cel Atotputernic a făcut lucruri mari prin mine...

Apoi, ca femeile, s-au tras la răcoarea prispei și au stat de vorbă. Povestind de una, de alta, își spuneau, ca tot omul, necazurile de zi cu zi. Astfel, Elisabeta i-a vorbit și despre o boală ce-o avea de multă vreme și căreia nu-i găsise leac, măcar că multe încercase.

Atunci Maria a luat-o de mână și a dus-o în grădină, unde a cules o plantă, căreia Elisabeta nu-i dăduse nici o atenție până atunci. A luat-o, a ținut o clipă mâna peste ea și i-a dat-o rudei sale, spunându-i:

– Acesta este leacul pentru boala ta!

Maria a mai stat ce-a stat, după care s-a întors la casa ei. Elisabeta a luat planta, a făcut o fiertură din ea și s-a vindecat de boala ce o chinuise atâta amar de vreme, de parcă îi fusese luată cu mâna. Atunci Elisabeta și-a amintit că Maria o ținuse o clipă în mână, că acea plantă, care se agăța de cele din jur, nu avea flori, dar a doua zi era plină de flori alb-gălbui, nespus de înmiresmate, de forma unei palme.

Oamenii au aflat degrabă despre floarea tămăduitoare. Și când cineva o întreba pe Elisabeta cum se cheamă iarba cea bună, ea le spunea bucuroasă: „Mâna Maicii Domnului". Și surâdea la amintirea întâlnirii cu Maria.

Visul minunat al Mariei

Povestesc bătrânii că, deși aștepta Prunc și era la casa ei, Maria continua să lucreze pentru templu ajutată de alte fecioare. Le dăduseră marii preoți mătase, zambile și fir de mătase, purpură și in. Toate doreau să lucreze cu in, că era mai ușor. Dar, pentru a-și arăta măiestria, ar fi vrut mătasea și zambila. Cu greu s-ar fi hotărât să aleagă purpura, dificil de lucrat, din care se făceau draperii pentru Sfânta Sfintelor. Ele aruncară sorții să vadă ce vrea Bunul Dumnezeu să facă fiecare dintre ele. Sorții căzură arătând că Maria va lucra din purpură pânza draperiei pentru templu.

Când înmânară purpura Mariei, fecioarele se mirară în gura mare:

– Tu ești cea mai tânără dintre noi, cum ai meritat să primești purpura?

Cum vorbeau ele așa, apăru un înger, ca trimis al Domnului, și le vorbi blând:

– Fie ca cele spuse să nu aducă suferință!

Apoi se apropie de fiecare dintre fecioare pe rând, le atinse cu arătătorul gura și inima. După care se îndreptă spre Maria și o cuprinse cu aripile lui, încât pentru o clipă nu mai putu fi văzută. Ochii puteau vedea un înger cu aripile adunate în față. Înainte ca fecioarele să se dezmeticească, îngerul se urcă la cer pe un nor.

Fecioarele pricepură că gândul și vorbele lor fuseseră lipsite de iubire. Începură a o înconjura pe Maria cu laude și îndemnuri de spor, cu toată dragostea lor. Apoi, harnice, se puseră toate pe lucru, cântând imnuri de slavă Creatorului. Lucrând, Sfânta Fecioară adormi într-o noapte cu capul pe războiul de țesut și avu un vis miunat. Ea îl închise și-l păstră în inima ei, după cum îi era obiceiul. Se făcea că era începutul începutului, pe vremea Facerii. Dumnezeu Bunul făcuse Cerul cu toate cele nouă cămări ale sale și le denumise după felul lor: Tăria Cerului, Al nouălea Cer, Cerul Îngerilor și așa mai departe. Apoi despărțise Cerurile de cerul cu nori, pe care îl poate vedea orice muritor, apele de sus de cele de jos. Pământul era cu totul acoperit de ape. Domnul a chemat pe nefârtatul. I-a poruncit să se cufunde în ape și să aducă din străfunduri o mână de pământ. Cât ai bate din palme, nefârtatul se întoarse cu o mână de pământ. Din sămânța de pământ, Domnul făcu o întindere de uscat. Și, cum El toate le face după măsura Sa, Pământul ieși nespus de întins, de nu-l cuprindeai cu privirea. De acolo de sus, din înalt, privi El și văzu că nu este bine, pentru că Cerul era prea mic, și Pământul prea mare. Pământul ar fi trebuit să fie pe măsura Cerului, să încapă sub Cer.

Chemă Domnul pe cățelul pământului și-i porunci:

– Să-Mi strângi pământul, ca să încapă sub cer!

Dar, oricât se opinti acesta, nu putu strânge Pământul cât să încapă sub Cer.

Apoi Domnul chemă la sine pe arici, înțeleptul înțelepților, care îi spuse:

– Nu pot face nimic cu înțelepciunea mea. Dar, Preamărite, știu cine poate.

– Cine?

– Credința și iubirea! Este o Fecioară, care va țese prin credința și iubirea ei un pământ pe măsura Cerului.

– Fecioara..., murmură Domnul îngândurat.

Apoi, Fecioara Maria se văzu pe sine, în visul acela, stând la războiul de țesut și țesând pânză minunată. Urzeala era din fire de credință, iar firul din suveică era din iubire pentru aproapele. Țesea fără odihnă, și pânza se învolbura peste pământ, strângându-l sub cerul de lumină și iubire. Și, pe pânza minunată, cine avea ochi de văzut, vedea toată Cartea Sfântă: Bunavestire, Nașterea, Fuga în Egipt, cei trei ani, Patimile, Răstignirea, Învierea, Înălțarea.

Maria se trezi un pic speriată din visul acela minunat și măreț. Nu este ușor să știi. Maria toate le știa, dar le închidea în sufletul ei, și doar cine avea ochi le putea întrevede în blândețea și smerenia ei, în surâsul ei.

Pomii de pe cale

Spun scrierile vechi că poruncise Cezarul numărătoare mare în Israel. Cu toții au pornit-o spre Betleemul Galileei. Iosif și Maria au pornit și ei la drum, ca să arate ascultare față de cezar. Mariei îi era greu să călătorească, căci urma să aducă curând pe lume un Prunc.

Stăpânul lumii rânduise îngerilor să apere Fecioara și Pruncul de orice le-ar fi putut face rău. Era neînduplecat cu cei ce voiau să le facă rău. Oricine, orice i-ar fi supărat pe loc se usca și murea.

Oboseala o ajunsese pe sărmana Maria, ce se tot oprea. Se odihnea sub câte un arbore, știut fiind că aceștia dau putere. S-a oprit mai întâi sub un tei mare, rotat, care însă fremăta, fremăta și pace nu-i dădea Mariei, care astfel îi vorbi:

– Stai tu, teișor, în loc, nu te clătina, nu mai fremăta, să ai bine și noroc, iar eu, la umbra ta, m-oi lăsa, oi răsufla, putere și tihnă oi afla.

Teiul însă n-asculta, mai tare el fremăta și pe Maică nu lăsa-n umbra lui a răsufla. Atunci un înger apăru și astfel porunci teiului:

– Stai, pom rău! Liniștește-te și pe Maria ocrotește!

Dar teiul n-asculta și îngerul astfel îi menea:

– Cum tu în loc n-ai stat, să nu stea frunza pe tine, nici vara de arșiță mare, nici iarna de frig prea tare, căldura să te-ngălbenească, gerul greu să te topească...

Maica blândă în sufletul ei îndulci porunca dumnezeiască și teiului astfel meni:

– Să-nflorești la mijlocul anului, iar cu parfumul florilor tale tot omul să amețești..., să aduci bucurie!

Apoi Maica porni din nou la drum. Merse zi lungă, lungă, până-n seară. Tare obosi și iar se opri. Se lăsă sub un măr mare, rotat, care, înainte ca ea să spună vreun cuvânt, umbra își lățea, pe Maică umbrea și o răcorea, bine odihnea. Când a fost să plece, a surâs. Cu drag l-a privit, astfel i-a menit:

– Mărule-nflorit, să fii alduit, să crești, să-nflorești, tu în roade să sporești, binecuvântat să fii, poame roșii să rodești, la oameni să dăruiești! Taina ta să o dezvălui oricui din măr va mușca și va vedea căsuța în formă de stea, în care îți adăpostești semințele...

Dar Iosif, grijuliu, astfel că grăia:

– Să pornim la drum, Marie, mult avem de mers! Mă tem că s-o-nopta și pe-afară om rămânea.

Au pornit deci, din nou pe cale. Maria iar obosea și sub un plop se așeza. Plopul se clăti, umbra își rări. Apoi crengile-și lovi, tare le pocni și pe Maică mult neliniști.

Un înger apăru și astfel plopului porunci:

– Sărman plop zbuciumat, să n-ai liniște nicicând! Vântul, când va bate, prin tine a răzbate! Crengile să-ți rupă, trunchiul să-ți golească, frunzele să-ți risipească...

Maria se ridică și cu glas sfârșit, cu dragoste astfel i-a menit, iară soarta i-a-ndulcit:

– Pentru oricine va să te vadă, întru zbuciumul făr' de rost să fii pildă, să fii verde toată vara, iar toamna în aur să te-mbrace, spre-a omului sufletească pace!

Au mai mers o vreme. Apropiindu-i-se sorocul, Maria tot mai greu umbla, des se odihnea. Iacă, se opri, pe cel plai, picior de rai, sub cel brad înalt, pe crengi argintat. Când se așeză, bradul crengile-și lăsă, în răcoare-o alina, cu bun miros o îmbia.

Maica se odihni, putere primi. Iar când se trezi astfel îi grăi și îi mulțumi, bine îi meni:

– Mândru brad din vârf de plai, după câtă bunătate ai, să crești falnic și rotat! Frunza-nmiresmată să n-o pierzi vreodată! Verde fii tu dară, de-o fi iarnă, de-o fi vară!

Apoi Dreptul Iosif și Maria și-au urmat drumul. După câțiva pași, Maria a întors capul, să privească mândrul arbore. Bradul a salutat-o plecându-și vârful de trei ori. Când vârful se pleca, în spate o stea mare, strălucitoare clipea cu înțeles. Maria a surâs.

O clipă, cu ochii sufletului, ea a văzut bradul în adevărata lui înfățișare: un arbore de lumină, cu daruri de suflet pe crengi, un brad-scară spre cer. Iar steaua în vârf era semn al porților Raiului. Și din nou a surâs.

Potirul Maicii Domnului

Iosif și Maria mergeau spre Betleem. Pe același drum, un om ducea în carul lui un butoi cu vin. Mergând, se gândea că acum, cu numărătoarea lui Irod, va vinde degrabă vinul cel bun. Apoi va putea plăti birul și chiar va cumpăra cele necesare casei. Drumul era desfundat, căci tocmai plouase, și catârii istoviți mergeau încet, iar omul, înțelegător, nu-i zorea. Carul se mișca agale, scârțâind din toate încheieturile.

La o cotitură, roțile carului se înfundară în noroi, de nu mai era chip să-l scoată de acolo. Sărmanul om se dădu jos, împinse carul, îndemnă catârii. Dar, oricât se străduiră om și dobitoace, carul nu se urni din loc. Omul privea a pagubă la carul său și-și dădu pălăria deoparte, ștergându-și sudoarea de pe frunte. Iar drumul, ca niciodată, era pustiu, pustiu. Dădu paie catârilor și se așeză la umbră, așteptând să apară oameni care să-l ajute.

Văzu de departe bărbatul care, sprijinindu-se în toiagul înalt, mergea pe lângă măgarul pe care călătorea femeia lui, desigur. Cănd ajunseră în dreptul carului, călătorii se opriră și femeia cu glas blând, izvorât din inimă, spuse:

– Bună ziua, om bun!

– Bună să-ți fie inima, Femeie!

– Am bătut drum lung, sunt ostenită foarte, și setea mă doboară, dă-mi o gură de vin!

– Ți-aș da bucuros, răspunse blând omul, dar n-am pahar...

Omul văzu mirat cum femeia privește pe marginea drumului o floare albă cu marginea roșie. Era o holbură, care crescuse mărișoară cât un păhărel. Iosif luă floarea și i-o dădu cărăușului, care o umplu cu vin și le dădu să bea, să-și potolească setea.

De-ndată, carul se desprinse din noroi și porni, fără ca omul să mâne catârii. Căruțașul înmărmuri de mirare și simți că nu poate vorbi. O adâncă duioșie îi cuprinse inima și i-o mângâie. O lacrimă sfântă i se prelinse pe obrazul aspru. Lacrima aceea îl vindecă de toate durerile și-i dădu curaj.

Abia după ce călătorii s-au pierdut în depărtare, omul își luă seama și se întrebă de unde știa femeia că are vin în butoi. Putea fi apă sau ulei... Potirul delicat al florii ținuse vinul ca un pocal! Cum de se desprinsese carul lui din noroi așa, deodată? Fără să-l atingă nimeni, după ce el se opintise, în zadar, mai înainte? Catârii cei încăpățânați porniseră neîndemnați...

Dar deodată știu că se întâlnise și potolise setea Maicii Domnului, Cheia Împărăției. Maica Domnului a văzut cu ochii minții lacrima căruțașului.

Omul a povestit tuturor întâmplarea aceea minunată.

Floarea a fost numită de oameni mai apoi: „Volbură" sau „Potirul Maicii Domnului", și oricine o vede surâde.

La curțile lui Crăciun

Odată cu iarna, bătrânul Iosif și Fecioara Maria au ajuns în Betleem. Era multă lume, atâta îmbulzeală, că în hanuri nu puteai arunca nici măcar un ac. Au tot întrebat de loc de poposit și, negăsind, au ajuns la marginea așezării. Au bătut la o poartă. Când a ieșit gospodarul, Iosif i-a grăit așa:

– Seara bună, om bun, am venit pentru numărătoare și căutăm loc de înnoptat!

– Cu dragă inimă v-aș primi, dar sunt sărac lipit! Mergeți alături la frate-meu, Crăciun, că el e bogat și are de toate! Spuneți-i că v-a trimis Moș Ajun.

Alături erau curțile lui Crăciun, om bogat, cu multe acareturi, dar cam chitros și pestriț la mațe. Iosif a bătut la poartă și au ieșit Crăciun cu Crăciuneasa lui.

– Am venit pentru numărătoare și căutăm loc de stat, căci femeia mi-i grea.

– Ce-mi pasă mie? Vedeți-vă de drum! a spus rece și disprețuitor Crăciun.

– Bărbate, îndură-te de femeia asta grea, e înghețată, abia mai suflă! s-a rugat Crăciuneasa de bărbatul ei, pe care îl știa morocănos și zgârcit, dar nu rău cu totul.

– Nu știu, m-oi mai gândi! spuse Crăciun și, ca să nu dea răspuns lămurit, intră grăbit în casă.

– În casă nu vă pot primi fără voia soțului și stăpânului meu, spuse Crăciuneasa, dar veniți în staul, lângă vite, și măcar nu veți pieri de frig...

– Mulțumim din toată inima! a spus Iosif.

– Nu se știe niciodată, poate la o nevoie te-om ajuta și noi! a adăugat Maria.

– Ferească-ne Domnul de nevoie, a spus Crăciuneasa făcându-și cruce, dar e bine să ai prieteni când ești în necaz!

I-a condus apoi în staul. Aici, Maria și Iosif s-au cuibărit în fân, ca să se încălzească. Către miezul nopții, pentru Maică au început muncile facerii. Iosif a plecat după ajutor. Caii din staul tropăiau, fânul rumegau, nechezau și liniștea tulburau. Maria astfel le grăia:

– Cai rotați, în frunte țintați, cu coamă bogată, cu crupă rotată, nu mai tropăiți, fân nu ronțăiți! Rogu-vă frumos, stați o leacă liniștiți...

Caii nici că auzeau, mai rău nechezau, tare tropăiau, orzul rumegau. Atunci un înger s-a arătat, astfel le-a menit și le-a prorocit:

– Toată ziulica, din zori până-n seară, să munciți, să alergați, nici o clipă să nu stați! Iar noaptea pe lună, când ceilalți se hodinesc, voi deloc să nu dormiți, să paşteți, dar să n-aveți saț, numa-n ziua de Ispas, și atuncea doară un ceas!

Boii, în staul, mult se mişcau, fânul rumegau, liniștea stricau. Maria îi auzea și astfel le vorbea:

– Bouleni frumoși, cu coarne mari, nu mai rumegați, nu vă mai mişcați, că liniștea stricați, mult mă tulburați și nu pot, mi-e greu ca să nasc pe Fiuțul meu!

Animale blânde, boii, ascultară vorbele Mariei, se liniștiră, jos se așezară, pe dată adormiră. Iar Maria așa le menea:

– Să fiți binecuvântați, nu mult să munciți, pe la prânzișor, pe brazdă să vă opriți și să rumegați, cât țăranul odihnește și prânzește... Iar în urma voastră să răsară mia de mărgăritare, grâu de aur și secară. Seara tot omul, care vă are, să îngrijească de voi înainte de culcare!

La miezul nopții, Maria, Ușă Cerească, aduse pe lume Sfânt Pruncuț, pe Care, mititel, înfășățel, în scutec de bumbăcel, Îl puse în iesle și-L înconjură cu flori de fân înmiresmate. Blânzii bouleni suflau asupra Lui, ca să-L încălzească, de frig să-L ocrotească.

Iosif se întoarse însoțit de femeia gazdei. Crăciuneasa privi în jur și văzu toate minunile: țărușii ieslei se prefăcuseră în făclii aprinse, nuielele înfloriseră toate, stâlpii staului înverziseră, acoperișul se deschisese și bolta spuzită cu stele era aproape, era caldă, era ocrotitoare. Cerurile se deschiseseră. Puzderie de îngeri coborau în staul ori în împrejurimi și murmurau cântece de slavă și bucurie.

Boii, Maria și Pruncul vedeau toate, auzeau cântarea cerească și-și mângâiau sufletele. O stea mare, luminoasă clipea tainic pe boltă, parcă surâzând, și învăluia staulul într-o lumină sfântă.

Legenda iasomiei

Sunt câteodată nopți friguroase în care cerul pare să se apropie de pământ. Stelele strălucitoare par să vorbească sufletului și duhului. În povestea noastră, deasupra Betleemului este un cer maiestuos și un frig de crapă pietrele.

În ieslea minunată Se născuse Iisus. Împrejur dănțuiesc îngeri ce cântă o melodie cerească, pe care însă n-au auzit-o decât cei trei ciobani, cu sufletul curat și inima plină de iubire. După ce s-au închinat și au adus Pruncului darurile lor, păstorii au dus vestea în lumea largă. Boul și măgărușul, miloși, suflau asupra Pruncului, să-L încălzească. Alături vegheau Maria și Iosif, în tăcere, pătrunși de minunea prezenței micului Iisus..., și presimțind mai mult prezența îngerilor, pe care, însă, nu-i vedeau, ci doar îi auzeau. Ici-colo stele nenumărate stăluceau pe bolta nopții, iar deasupra staulului, steaua care îi călăuzise pe cei trei magi într-acolo strălucea puternic și parcă clipea cu înțeles.

Maria, gânditoare, îi spuse deodată Dreptului Iosif:

– Dinaintea mea văd două popoare: unul în lacrimi amare, altul tresăltând de bucurie...

Iosif o privi cu blândețe și-i spuse:

– Nu rosti vorbe care pot sfâșia suflete! Să ne vedem de Pruncuțul nostru!

Atunci un înger se înfățișă și-i vorbi lui Iosif:

– De ce-i spui Mariei să-și curme vorba? Ea a văzut în lacrimi mulțimea oamenilor care, nerecunoscând pe Mesia, se îndepărtează de îndumnezeire și cetele din popoarele cuprinse de bucuria îndreptării spre Cel Atotputernic. Asta e promisiunea făcută lui Avraam, Isaac și Iacov.

Apoi îngerul s-a făcut nevăzut.

O vreme Maria și Iosif s-au privit cu înțeles și nu au mai spus nici un cuvânt, copleșiți de această profeție. De multă vreme se înțelegeau în tăcere, din priviri. Maria privea staulul sărăcăcios și, ca orice mamă, se gândea că Micuțului ei I-ar fi prins bine o odaie caldă. A tras paiele și fânul mai aproape, ca să-i țină de cald. În fân erau toate felurile de flori, dar erau uscate, și ea s-ar fi bucurat să fie proaspete, să-i bucure Puiul drag cu mireasma și petalele lor gingașe.

Pruncul zâmbea în somn. Poate că se juca cu îngerii pe pajiștile înflorite ale Raiului sau cu stelele de pe cer. Ori poate vedea minuni de necuprins în cuvinte și de nespus oamenilor.

Deodată o rafală puternică de vânt a adus un val de aer rece și zăpadă. Puzderie de fulgi de nea pluteau prin staul, strălucind misterios în lumina care inunda totul, pogorându-se din ceruri. Iosif s-a repezit să stăvilească rafala cu pieptul. Câțiva fulgi dalbi de nea au plutit o vreme deasupra ieslei și păreau să se așeze totuși pe fruntea micului Iisus, spre neliniștea părinților. Maria a privit o clipă dantela fină a fiecărui fulg. Păreau salutul iernii și al gerului. Toate Îl salutau, toate se bucurau de venirea Lui. Temându-se că Pruncul va fi trezit de răceala fulgilor, cu zâmbetul ei îngeresc, s-a aplecat încetișor voind cu mare delicatețe să sărute fulgii de nea, ca să-i topească prin căldura buzelor.

Dar, minune! Atingând fața Pruncului, steluțele de gheață s-au prefăcut în mici flori delicate, cu patru petale ascuțite, albe ca zăpada și având o puternică mireasmă. Iar Mama le-a așezat lângă capul Micuțului.

Iasomia, pură, gingașă, înmiresmată a înflorit la sărutul dat de Maică, pe frunte, Pruncului. Florile toate sunt întruchipare a sentimentelor omenești, iar iasomia bucură pe oricine cu mireasma și gingășia ei, făcându-l să surâdă.

Povestea Crăciunesei

A doua zi, Crăciun, stăpânul curții și staulului, s-a sculat cu noaptea în cap. După obicei, voia să ardă în curte o buturugă mare de brad, ca semn că vechiul an s-a încheiat și a murit. Apoi era musai să aducă din pădure un brad falnic și să-l pună în picioare, în curte, ca binecuvântare și menire de belșug pentru Noul An.

Mai întâi a trimis slugile să vadă ce s-a întâmplat cu drumeții de cu seară. Bănuia că soața lui, Crăciuneasa, îi adăpostise pe undeva, prin gospodărie. Și, pentru că nu i se respectase voia, era supărat și pe nevastă, și pe străinii care stăruiseră. Voia să-i alunge. Trimise un slujitor, care însă nu putu intra în staul de para făcliilor, de mireasma florilor, de zborul îngerilor, de duhul tămâilor.

Acesta se întoarse și-i spuse că, ajutată de Crăciuneasă, femeia a adus pe lume un Prunc, și acum Îl alăptează.

Mânios peste măsură, Crăciun ia o secure și iese în curte, unde o întâlnește pe soața lui, care trebăluia și se întreba în sinea ei ce-i cu acea cântare îngerească pe care o aude. Oare o aud și ceilalți?...

– Femeie netrebnică, iar mi-ai călcat cuvântul!

Și, mânios peste măsură, soțul n-a așteptat răspuns, ci s-a repezit la Crăciuneasă și cu securea i-a tăiat mâinile, după care, fără s-o privească, s-a dus la treburile sale.

Femeia, grozav de speriată, s-a ascuns în staul.

Când Maria, Ușa Cerului, a văzut-o cu mâinile tăiate, a adus degrabă palmele căzute în curte, a cuprins-o cu brațele și a început a se ruga fierbinte. La sfârșitul rugăciunii, mâinile erau vindecate. De uimire, gazda lor amuțise. Își privea înmărmurită mâinile vindecate. Nu a putut înțelege nici mânia soțului, nu putea înțelege nici minunea aceasta, căci era deasupra înțelegerii omenești.

Un slujitor mai mic, copil de pripas, care își urmase stăpâna în staul, văzu minunea și alergă într-un suflet la Crăciun, să-i povestească, uitând cu totul cât de grozav era la mânie stăpânul său.

– Stăpâne preaputernic, pe-afară-i iarnă, iar înăuntru-i primăvară...

Și-și puse mâna la gură, mirat și el de cele spuse.

– Ce vrei să zici, slugă proastă și puturoasă? Acum nici să vorbiți nu mai știți!

Slujitorul îi povesti, de-a fir a păr, toată minunea. Crăciun se schimbă la față și în inima lui. O lumină minunată pătrunse în sufletul său, descuindu-i inima, luminându-i înțelegerea... Pricepu, deodată, ca într-o străfulgerare, toată grozăvia faptelor sale.

În genuchi merse până în staul, la Dreptul Iosif și Maria Fecioara, cerându-și iertare. Pruncul îi zâmbește, ca semn al iertării dumnezeiești și-i spune:

– Te iert, dacă faci în inima ta casă Domnului și iubirii de aproapele!

Un Prunc abia născut vorbea ca un om mare, ca un Dumnezeu!

Astfel, prin simpla prezență, cei trei oaspeți schimbau rosturi și aduceau suflete la Domnul, unde le este locul.

De atunci, la sfârșitul fiecărui an, în casa lui Crăciun cel bogat era mare sărbătoare, la care era primit oricine: vecin, prieten, drumeț. Se împodobea un brad, se dădeau daruri, se cânta până târziu. Dar mai ales se povestea și se asculta minunea nașterii Domnului Iisus, povestită de însuși bătrânul Crăciun.

Și de atunci cu toții știu că de Crăciun se deschid Cerurile timp de douăsprezece nopți, iar Dumnezeu privește, surâde, îmbrățișează și mângâie Pământul, poruncind răului și slugilor sale să lase lumea în pace deplină.

Simeon,
omul care s-a sfădit cu Dumnezeu

A fost odată un om care s-a sfădit cu Însuși Dumnezeu. În marele oraș Alexandria, trăia de multă vreme o colonie mare și înfloritoare de evrei. Pentru că trăiau de multă vreme printre greci, tineretul cam uitase limba strămoșească. De aceea Sfintele Scripturi se cereau tălmăcite în limba vorbită de cei tineri. Așa că s-au adunat 70 de bărbați, buni cunoscători ai limbii ebraice vechi, dar și a limbii celei noi și s-au pus pe treabă. Au tras la sorți, fiecare, partea din Sfintele Scripturi pe care trebuia să o tălmăcească. Acești bărbați erau vestiți pentru evlavia lor și pentru buna cunoaștere a Scripturilor.

Printre ei se afla și bătrânul Simeon. Acestuia i-a căzut la sorți Cartea profetului Isaia. Cu smerenie, s-a apucat să tâlcuiască cuvântul Domnului în limba cea nouă. Când a ajuns la pasajul: „Iată, Fecioara va lua în pântece și va naște fiu și vor chema numele lui Emanuel...", el s-a gândit: „Dacă naște fiu, nu mai este fecioară..." Așa că a hotărât să înlocuiască cuvântul „Fecioară" cu „femeie tânără" sau „doamnă tânără". Seara scria „femeie tânără", dimineața găsea cuvântul „Fecioară"... S-a întâmplat așa de trei ori. A patra dimineață, Simeon a șters iar și a scris după mintea lui de om: „femeie tânără"...

În următoarea noapte i s-a arătat un înger mânios foarte, care i-a spus cu glas mare:

– Pentru ce te îndoiești de adevărul cuvântului lui Dumnezeu? Ca să nu te mai îndoiești, iată, nu vei putea muri până nu vei vedea cu ochii tăi pe Fecioara – Biserică a lui Dumnezeu, care va naște fecioară – ca și pe Pruncul ei.

De atunci, spune povestea, au trecut vreo trei sute de ani. Iar Simeon a trăit atât de mult, a văzut așa de multe, a cunoscut atât de mulți oameni, a îmbătrânit așa de tare, încât nu avea dorință mai mare decât să poată muri. Împovărat de ani, el aștepta împlinirea prorocirii și mângâierea lui Dumnezeu ca să se întoarcă în Ceruri.

Era obiceiul, la vechii evrei, ca la patruzeci de zile de la naștere, copilul să fie dus la templu. Maria și Iosif, oameni smeriți, au respectat tradiția și au dus Pruncul la templu, la Ierusalim, cu mare bucurie, ca să se facă cele de cuviință.

Înștiințat de Sfântul Duh, Simeon a mers și dânsul la templu în dimineața aceea. Când părinții au adus pe Pruncul Iisus, Simeon a fost cel care L-a primit în brațele sale, făcând cele cerute de datină. Rămasă văduvă, Prorocița Ana, care avea optzeci și patru de ani, dar slujea neobosită la templu, s-a apropiat în aceeași clipă cu Simeon, întâmpinând, cu acesta, pe micul Iisus. La sfârșitul ceremoniei, Simeon le-a spus părinților:

– Copilul acesta este rânduit spre căderea și ridicarea multora în Israel. O să fie semn, care va stârni multă împotrivire, dar va deschide și un nou drum al mântuirii!

Apoi, privind adânc și cu înțeles în ochii Mariei, a adăugat:

– Femeie bună, prin sufletul tău va trece sabie, ca să se descopere gândurile din multe inimi!

La sfârșit a mai spus, cu un suspin adânc:

– Acum, Doamne, slobozește în pace pe robul Tău, după cuvântul Tău! Căci au văzut ochii mei mântuirea neamului omenesc. Am văzut Lumina Care o să binecuvânteze neamurile și slava poporului lui Israel!

De cum a rostit aceste cuvinte, a început, ca mânat de vifor sau de-o volbură, să se învârtească în loc, repede-repede. Apoi s-a prefăcut în pulbere, care s-a așternut blând la pământ, moviliță de două palme, spre mirarea celor aflați de față.

După ce au împlinit cele de cuviință, Maria și Iosif s-au întors în Nazaret. Pruncul creștea și Se întărea, fiind plin de înțelepciune. Iar Maria, Ușa mântuirii, a păstrat în inima ei mare și bună cuvintele lui Simeon alături de toate minunile la care fusese martoră, fără să știe că sunt minuni, părându-i-se lucruri de toată ziua, surâzând împăcată.

Pruncul plânge...

Se povestește din bătrâni că, deși nu era ca orice prunc, și micul Iisus plângea din când în când. Și, desigur, Mama Lui se îngrijora, Îl mângâia și Îl alina, ca orice mamă iubitoare.

Odată Pruncul plânse mult și nu Se lăsă ușor alinat.

– Oi, oi, oi, Puiuț iubit și de îngeri îndrăgit! Taci cu Mama, nu mai plânge!

Dar Pruncul parcă nu o auzea și mai tare El scâncea. Sufletul mamei de grijă se strângea, și ea un vechi cântec de leagăn îi cânta:

„Mititel, înfășețel,
În scutec de inicel.
Înfășat e cu mătasă,
Care-i împletită-n șasă.
Suflă vântul lin și lin,
Și mi-L leagănă chitelin.
Pus în mândru legănuț,
Cioplit din bun păltinuț.
Vântul-L bate, nu-L răzbate,
Neaua-L ninge, nu-L atinge!"

Însă Pruncul parcă mai rău plângea, cântecul când auzea. Atunci Mama Îi făgăduia:

– Taci, Fiule, nu mai plânge, că m-oi duce, Ți-oi aduce: două mere, două pere, toate patru d-aurele!

Pruncul tare lăcrima, Maica se-ngrijora:

– Fiu iubit, să nu mai plângi, că eu Ți-oi da: zorile cu umbrele, noaptea cu stelele, raza soarelui și cheile Raiului!

Pruncuțul parcă nu auzea, mai tare El suspina, sufletul mamei îndurera. Își aduse aminte că, pe vremea când era grea, visase vis măreț și minunat. Se făcea că ea se preumblă în slavă și adună din Ceruri beteală argintie de la stele și lună și fir de aur de la soare. Cu dânsele țesuse în taină scutec minunat Pruncuțului Ce avea să vie. Și spuse cu adâncă duioșie:

– Taci, Pruncuț iubit, că Ți-oi dărui acum: stelele cu florile, soarele cu razele și Scaunul de judecată peste lumea toată!

Tot mai rău Pruncul plângea, și atunci Mama-L întreba:

– Spune-i Mamei, ce Te doare?

Minune mare! Pruncul grăi ca un om mare, pe înțeles și cu adâncă înțelepciune:

– Mamă dragă, cum n-oi plânge, când lemnarii cioplesc cruce și fierarii bat piroane?

– Nu se poate, Copile drag! Ți se pare numai!

– Și mai văd, Mamă, mai văd piatră grea, ca de mormânt, răsturnată și-n patru crăpată, lâng-o creangă de măslin, cruce mare rezemată...

– Cum să nu plângi Tu, Fiule...

– Și mai văd, Maică iubită, pod subțire de argint, subțire ca un fir de păr, peste care tot omul își încearcă soarta; cine-l trece, în Rai petrece, cine cade, în iad s-abate...

– Fiu iubit și slăvit, nu mai plânge, că Ți-oi da...

Maria a căzut pe gânduri. Știa bine că nu putea schimba ce era scris. Dar ar fi vrut să-L aline cumva și începu să cânte:

– Ți-oi da, Dragule, toată iubirea mea, și Te-oi alina, și Te-oi legăna...

Maria nu spuse nimănui că Pruncul vorbește și, mai mult, prorocește, ci doar surâse.

Povestea greierașului

Așteptând sorocul nașterii, Maria sta adesea și torcea, în grădina casei, și astfel s-a împrietenit cu o păsărică.

Mica zburătoare era neasemuită, căci avea penetul galben-auriu, de îți lua ochii, ciocul de argint stălucitor și era zburdalnică, neastâmpărată și neascultătoare. Se înțelegeau bine, pentru că amândouă cătau, se bucurau de frumusețea lumii, tăceau... Dacă vreo umbră, cât de mică, trecea pe fruntea Preacuratei, păsărica făcea tot soiul de sărituri, ciripea în felurite chipuri și nu se da bătută, până n-o înveselea. Iar Fecioara o hrănea cu semințe de mei, care îi plăceau cel mai mult, o mângâia pe căpșor și îi cânta.

După ce Maria aduse pe lume pe Iisus, prietenia lor se răci. Pasărea nu putea, cu nici un chip, înțelege de ce Prietena ei cea mai bună nu mai avea ochi pentru ea, de ce nu mai stăteau amândouă în grădină, de ce nu se mai jucau, de ce petrecea atâta timp lângă grămada aceea de scutece plângăcioase...

Păsării nu-i plăceau deloc copiii. Cât erau mici, te asurzeau cu plânsul lor, apoi, când mergeau în picioare, dădeau cu pietre, iar când ajungeau mai mărișori făceau lațuri pentru păsări, le prindeau și le închideau în colivii.

Și acum era și foarte supărată pentru că i se părea ei că acel Prunc o batjocorește, căci de câte ori, la amiază, se așeza pe o creangă să cânte, Acela începea să scâncească și, dacă nu primea de îndată lapte, începea chiar să plângă din toate puterile.

„Așa nu se mai putea! Trebuia făcut ceva!" Păsărica începu să râdă și ea de copil și, de câte ori Acesta Se punea pe plâns, ea începu să facă: „Hihi! Hi! Gri-gri-gri! Cri-cri-cri!"

La început, Maica Domnului a lăsat-o în pace. Era o păsărică prostuță și geloasă. Dar zburătoarea s-a obrăznicit și scotea acest sunet atât de des și de tare, încât trezea din somn Pruncul. Mama n-a mai putut trece cu vederea acestea și i-a spus:

– Lipsa de iubire te micșorează, te înnegrește la suflet, te face să-ți schimbi glasul..., ia aminte și schimbă-te înainte să nu mai poți face nimic, micuță creatură!

Pasărea n-a priceput vorbele Mariei și nu s-a căit.

Îngerii care ocroteau pe Maria și Prunc au intervenit. S-au tot socotit îngerii și până la urmă s-au gândit că Dumnezeu nu dorește căderea nimănui; și au vrut să-i mai dea o șansă păsăruicii.

Duhul care ocrotea păsările s-a înfățișat creaturii celei răutăcioase și geloase, și astfel i-a grăit:

– Pentru că în inima ta nu-i iubire, să-ți pierzi penele aurii, în pământ să te ascunzi și doar: „Gri!" și „Cri!" să spui, până ai să te căiești de răutatea ta. Când are să-ți pară rău de purtarea ta, să te faci iar păsăruică!

Maria, care toate le știa, a surâs blând. Și până în ziua de azi prin iarbă și fânețe se aude primăvara, vara și toamna: „Gri-gri-gri! Cri-cri-cri! Cri-cri-cri! Gri-gri-gri! Cri-cri-cri! Gri-gri-gri!"

Sfatul din Cer

După ce S-a născut Pruncul, Dumnezeu-Tatăl a făcut sfat mare în Ceruri, la care a chemat sfinți, îngeri, arhangheli și alți slujitori de-ai Săi, trăitori în înalturi. Nimeni nu știa de ce fusese chemat și ce voia Tatăl de la dânșii. Ultimul a sosit Sfântul Ioan, cel ce sta în pustie, hrănindu-se cu lăcuste și miere. Venise călare pe un cal înaripat, care sufla foc pe nări, de se minunaseră cu toții, crezând că văd pe Ilie. S-au așezat roată și se întrebau mirați unul pe altul, de ce îi adunase Domnul.

Apoi a venit în mijlocul lor și Tatăl și le-a spus:

– Prunc Sfânt S-a născut în Betleem, după cum bine știți, căci Vestea Minunată a cuprins pământul și Cerurile... și acum El trebuie botezat, dar nu are naș.

– Și noi trebuie să găsim acel naș?

– Tocmai de aceea v-am chemat...

– Potrivit ar fi să știm cam ce însușiri să aibă nașul, a spus un înger.

– Dar poate vreunul dintre noi să fie naș Domnului? s-a mirat un arhanghel.

Atunci Dumnezeu-Tatăl, surâzând, i-a lămurit:

– Pruncul Acesta este și Dumnezeu, și om.

– Deci, ca om, El trebuie să fie botezat și este musai să aibă naș! adăugă altă ființă de lumină.

– Să vedem deci cum trebuie să fie acel naș...

– Să aibă inimă bună și credincioasă!

– Să fie înțelept, de vreme ce va sfătui pe Însuși Pruncul Sfânt!

– Să cunoască Adevărul, Binele și Frumosul!

– Trecutul și viitorul să n-aibă taine pentru Dânsul!

– Smerenia este darul sufletesc adevărat pe care un naș îl poate aduce finului său!

– Toate acestea nu sunt nimic fără de iubire! a exclamat un alt înger, care sta mai la margine și tăcuse cuminte până atunci, lăsându-i pe cei mai vârstnici să vorbească.

– Acum, că știm cum trebuie să fie nașul, să vedem: care dintre voi vrea să fie nașul Pruncului? a întrebat Dumnezeu, pentru a scurta convorbirea luminoaselor ființe adunate acolo la chemarea Sa.

– Eu aș fi mândru să fiu nașul Pruncuțului, a spus un sfânt.

– Mândria n-are a face cu botezul! a spus Domnul, puțin trist de așa o vorbă.

– Eu I-aș putea dărui Pruncului multe...

– Nu bogăția te face naș, căci în Ceruri e mai de preț darul sărăciei..., adăugă Tatăl.

– Am destulă înțelepciune pentru a sfătui un prunc.

– Nașul este o călăuză doar, căci omul singur trebuie să se îngrijească de sufletul său! mai spuse blând și iubitor Domnul, privind cu mare dragoste la acești smeriți slujitori ai Săi.

Apoi Își întoarse ochii spre Ioan, care sta liniștit și tăcut.

– Tu, Ioan, nu spui nimic?

– De vreme ce știm ce o să urmeze, vorbele sunt de prisos!

– Așa-i, Ioan, știm..., dar tu n-ai vrea să fii nașul Acestui Prunc?

– Pruncul este mai mare decât mine, nu sunt vrednic nici să-I leg sandalele măcar...

– Drept grăiești, dar tu ești lumea veche, care botează cu apă. Prin botez moare omul vechi și se naște omul nou, pentru aceasta El trebuie botezat de tine anume..., mai târziu.

– Facă-se voia Ta, Doamne! a mai spus Ioan.

– Degrabă să cobori pe pământ și să te pregătești tu și oamenii de botezul din apa Iordanului. Iar tu, Sfântă Duminică, acum să iei cu tine cei trei îngeri, să vă duceți la Maria și la Iosif și degrabă să botezați Pruncuțul, ca om după datina neamului lor!

Iar ei au răspuns cu un surâs plin de blândețe și smerenie.

Cei trei îngeri și Sfânta Duminică

Când îngerii și Sfânta Duminică[1] au ajuns pe pământ, în Betleem era jale mare. Soldații lui Irod căutau Pruncul Ce trebuia să fie cel mai mare împărat. Omorau tot copilul de la doi ani în jos, spre liniștea lui Irod. Familia Pruncului, sfătuită de un înger, luase drumul pribegiei.

Cei trei îngeri și Sfânta Duminică s-au alăturat celor trei și le-au povestit lui Iosif și Mariei despre botez. Cu toții mergeau pe un drum de munte și alergau cât îi țineau picioarele, gâfâiau, dar nu se dădeau bătuți și își continuau fuga.

Obosiți, s-au oprit sub un plop. Acesta însă, supărat de blestemul primit și pentru că nu înțelesese nimic din cele întâmplate, începu să-și tremure frunza așa de tare, încât a atras luarea-aminte a sutașilor lui Irod, care degrabă s-au îndreptat într-acolo.

Maria, Iosif, îngerii și Sfânta Duminică au pornit din nou la drum, pentru a scăpa de pri-

---

[1] Personaj imaginar care apare în literatura populară și în operele culte inspirate din folclor, precum „Povestea lui Harap-Alb", de Ion Creangă *(n. ed)*.

mejdie și a găsi locul bun pentru botez. Urcau, urcau în goana mare, fără să se mai oprească undeva, fără să mai privească în jurul lor.

Doar pe la jumătatea urcușului, Sfânta Duminică s-a oprit la o fântână. Ceilalți n-au așteptat-o, știind că își poate purta singură de grijă și temându-se că soldații lui Irod i-ar putea ajunge din urmă. Maria simțea că este tare istovită, că rămâne fără puteri. Tot privea spre Iosif rugător, întrebându-se în sinea ei cât mai aveau de mers până la locul botezului. De vreme ce acești trei îngeri erau cu ei, însemna că se puteau opri să-și tragă o leacă sufletul...

– Nu ne putem încă opri, n-am ajuns la locul rânduit pentru botez, i-a spus unul dintre îngeri, care i-a auzit gândul.

Dar a suflat asupra Mariei și i-a dat putere. Pruncul părea acum ușor ca fulgul.

Iar Iosif își spunea în sine, pentru a găsi putere să urce, că numai sus, în aerul curat al înălțimilor, sus, în preajma stâncilor înțelepte, se putea afla locul sfânt rânduit pentru botez. După un urcuș greu, au ajuns acolo sus, pe plai, lângă Cer.

Aici, minune mare: în lumina ca de Rai au văzut mulțime de arbori: brazi, molizi, jnepeni, așezați roată. Iar între ei, ca în Rai, doi meri minunați, deasupra cărora pluteau în cerc nouă lumânări aprinse. Din cele nouă lumânări s-au prelins nouă picături, care s-au prefăcut în trei izvoare minunate: unul de vin, altul de mir și al treilea de apă limpede, cristalină.

Iosif și Maria au înțeles că era o minune, fără să știe că le era dat să vadă multe și mai mari alte minuni... Amândoi părinții și-au privit Pruncul surâzând. Privindu-L, au uitat de griji, de urcușul greu, de teamă, și în suflet le-a intrat lumina păcii și iubirii.

Legenda câinelui ciobănesc

Aflând de la cei trei magi că în Betleem se va naşte un mare împărat, Irod poruncise omorârea tuturor pruncilor de până la doi ani. Familia Domnului, înştiinţată de înger, pleacă la vreme din oraş, scăpând astfel de necruţătoarele săbii ale sutaşilor. Mergeau spre ţara Egiptului, ca să li se piardă urma.

Erau în pribegie de multă vreme. Odată, obosiţi foarte, Iosif şi Maria s-au oprit la un păstor. Acesta, suflet bun, văzându-i osteniţi şi înfometaţi, i-a primit şi i-a ospătat.

– Mulţămim pentru merinde, om bun! Puţină apă ar fi tocmai bună!

– Dar apa s-a terminat şi nu mă pot duce la izvor.

– Dar de ce nu te poţi duce? a întrebat cu mirare Iosif.

– E vremea să vină lupul!

– Să vină lupul? s-a mirat Sfânta Maică, privind cu luare-aminte pe cioban.

– Nu ne putem păzi de lupi în zile ca acestea, când ciobanii sunt duși la târg. Și de aceea am făcut o înțelegere cu lupul. Vine o dată pe săptămână și-i dau o oaie. Astfel, el nu mai tăbară asupra lor, nu le mai sperie, nu le mai împrăștie, nu le mai rănește..., îi dau eu una, și pace bună! Acum e vremea la care vine lupul. Dacă plec după apă, lupul vine și, negăsindu-mă, cine știe câtă pagubă îmi face...

Bunul Iosif, văzând cât de însetată este Maria și că din lipsă de apă îi poate seca izvorul laptelui, îi spuse ciobanului:

– Du-te după apă, că soața mea este ostenită și a însetat, iar lupului am să-i dau eu oaia tocmită, după înțelegere. Arată-mi oaia!

Așa făcură. Ciobanul plecă degrabă după apă, la izvor. Iar Iosif se puse pe așteptat. Era pregătit să facă ce-i spusese ciobanul. El înțelegea că orice învoială trebuie respectată.

Și stătu așa ceva vreme, căci pesemne izvorul era departe.

În vremea asta Pruncul, deși atât de mic, vorbea cu Mama Sa și-i arăta multe taine. Îi spuse că ciobanul avea nevoie de ajutoare la turma lui cea mare, ajutoare pentru cât va fi lumea, oi, turme și ciobani..., și-i arătă cum să facă.

Când lupul veni să-și ia oaia, Maica Domnului, Cheia Împărăției, luă două pietre și le aruncă spre el. Pietrele se prefăcură deodată în câini mari, albi, cu blana ca a oilor. Câinii puternici și învățați degrabă puseră lupul pe fugă, adunară turma și se așezară jos.

Ciobanul se întoarse cu apa rece de izvor și o dădu Maicii Domnului, care își potoli setea. Mare fu mirarea lui să vadă oaia menită lupului în turmă.

– N-a venit lupul, călătorule?

– Ba da, a venit, om bun! a răspuns Iosif. Dar noi ți-am găsit doi paznici de nădejde care să se lupte cu lupul cel rău.

Și i-a arătat cei doi câini, care de atunci au devenit tovarășii de nădejde ai oricărui cioban și s-au numit „câini ciobănești”. Omul a mulțumit cu un surâs. Nu prea înțelegea el cum apăruseră câinii și ce fel de animale sunt acestea. Dar o mare pace îi învălui sufletul și-și simți inima plină de evlavie. Mulțumi Domnului pentru darul neașteptat, fără să știe că adevăratul dar era întâlnirea cu Maica Domnului, Pruncul Iisus și Dreptul Iosif.

Și de câte ori își amintea cele întâmplate, un surâs mirat îi lumina fața arsă de soare și bătută de vânturi.

Cosașul sau despre lăcomie

Trăia un om tare harnic pe vremea când Iosif, Maria și Pruncul plecaseră în pribegie, de teama sutașilor lui Irod. Omul acela robotea din zori și până noaptea, fără de odihnă chiar și în zilele de sărbătoare. Era lacom de muncă, nevoie mare. Iar lăcomia, fiind lipsă de măsură, nu este bună nici când este vorba de muncă.

Maica Domnului, cu Pruncul și cu Dreptul Iosif mergeau pe un drum colbuit, și deodată a văzut un nor de praf, ce se apropia repejor. Iosif și Maria s-au privit și au citit unul în ochii celuilalt același gând: erau sutașii lui Irod, care îi căutau și curând aveau să-i ajungă din urmă.

Trebuia să se ascundă degrabă. Dar unde? Nu erau decât câțiva arbuști și tufe firave, în rest, fâneață cât vedeai cu ochii. Fâneața se unduia în bătaia vântului, ca talazurile unei mări galbene nesfârșite. Într-o parte a câmpului, iarba era ceva mai înaltă și, dacă stăteai chircit, te puteai foarte bine ascunde între florile mândre și înmiresmate ale fâneței. Așa că nu stătură prea mult pe gânduri și intrară în fâneață. Se ascunseră la oarecare depărtare unul de celălalt, în ierburile înăltuțe. Sutașii se apropiau în fuga cailor. Iosif se culcase în iarbă și se ruga, nepierzând din ochi sutașii, gata să sară în apărarea Mariei și a Pruncului.

Maria, culcată în iarba înaltă, prinse a se ruga, ca de obicei, cu mâinile împreunate peste Prunc. Ochii îi ținea închiși de atâta credință și ardoare a rugii. Deodată, la ureche îi ajunse un fâșâit: fss... șșș... fss... șșș... Deschise ochii și, nu departe, văzu un om care cosea iarba. Dar cositul nu era nici o primejdie pentru ei.

Sutașii osteniți s-au oprit și ei la marginea câmpului, ca să-și tragă sufletul o clipă și să bea apă din burdufuri. Odihna lor s-a prelungit și în vremea asta, iar cosașul se tot apropia de locul unde se aflau Maria și Pruncul. Ea s-a rugat:

„Doamne, sporește arșița soarelui și oprește-l pe acest cosaș, căci altfel, tăind el iarba, vom fi descoperiți!" Soarele mai tare ardea, pământul încingea, dar cosașul nici că se oprea. „Doamne, dă vânt mare pe pământ, iarba să culce, praful să urnească, pe cosaș să îl oprească!" Vântul tare că bătea, iarba răscolea, praful îl stârnea, dar cosașul nu se oprea. „Doamne, Tu nu ne lăsa, dă o ploicică, câmp să răcorească, pe cosaș ca să oprească!" Nor s-apropia, soarele întuneca, ploaie repede cădea, fâneața răcorea, dar cosașul nu se oprea...

Iosif toate le vedea, totul înțelegea. Sta gata să sară din iarbă, pentru a se pune în fața sutașilor și să abată atenția de la Prunc și Maria. Însă Maica Sfântă i-a făcut semn să rămână pe loc. Din nou a prins a se ruga cu ardoare Domnului să-i ajute și să-i scape din necaz.

Un înger mare, mare s-a arătat și, întorcându-se cu fața spre cosaș, astfel i-a vorbit și lui i-a menit:

– Cât ai să trăiești, alta să nu faci, fără preget să cosești, să nu obosești, zi de vară până în seară, vară după vară, mereu să cosești, dar să nu sporești...

Pe măsură ce îngerul rostea aceste vorbe, prin voia Domnului, omul se chircea, se înnegrea, se usca, se micșora și-n gâză se preschimba. Maria a surâs, căci înțelesese. Dumnezeu iarăși îi salvase...

Și astăzi poate fi văzută prin fânețe, printre picioarele cosașilor, o gâză mică, ce scoate un sunet ca de coasă ce taie iarba: fss... șșș... fss... șșș..., gâză numită de oameni „cosaș".

Tâlharii de pe cruce

Drumul spre Egipt a fost greu și plin de primejdii. În pribegia lor, Iosif și Maria au trecut prin tot felul de locuri pustii și înfricoșătoare.

Pe niște coclauri viețuiau două familii de tâlhari. Nu se știe cum se făcuse, de aveau tâlharii neveste și copii, dar Dumnezeu are lucrarea Lui cu fiecare.

Femeia unuia dintre tâlhari era foarte bolnavă și nu-și putea alăpta pruncul, iar cealaltă pierduse într-o încăierare un sân, și acum numai cu unul nu putea potoli foamea pruncului ei. Copilașii plângeau de foame neîncetat ziua și noaptea, speriindu-și mamele și făcându-i pe tați să tâlhărească și mai mult, ca să nu-i mai audă plângând. Unul dintre prunci și femeia bolnavă erau pe moarte.

Într-o zi, tâlharii stăteau la pândă, ca de obicei. Au văzut bărbatul și femeia mergând grăbiți. După felul cum mergeau, privind în urmă, au înțeles că sunt fugari și s-au hotărât să-i atace și să-i tâlhărească. Desigur aveau aur, apă și provizii pentru copil. „Cine pleacă la drum, prin pustie, fără bani și provizii?" După ce i-au prins pe Iosif și Maria, tâlharii au priceput degrabă că nu au ce lua de la ei. „N-aveau nici măcar burdufuri cu apă! Cum nu muriseră de sete pe drum, nu se știe!"

Privind femeia cu Pruncul, tâlharii și-au amintit de nevestele și pruncii lor, dându-și seama că tot au ce câștiga de la cei trei drumeți. Așa că i-au dus în ascunzătoarea lor.

Multe zile, Maria, cu fața luminată mereu de zâmbet, a alăptat cei doi prunci ai tâlharilor și pe Iisus. Îi alăpta cu aceeași dragoste, le cânta, îi mângâia. Un copil nu este vinovat de purtările părintelui său, și inima bună a Mariei, Ușă a mântuirii, știa acest lucru. Oricum, acești copii erau nefericiți să aibă așa părinți, să crească într-un asemenea loc. Cu astfel de pildă, așchia greu putea sări departe de trunchi...

Iar micul Iisus privea pe fiecare și surâdea, căci pentru El viitorul nu avea taine. Copilul și femeia care erau pe moarte și-au revenit. Însăși prezența familiei lui Iisus îi înzdrăvenea la trup și le însenina sufletele, dar tâlharii și femeile lor, cu inimile împietrite, nu înțelegeau aceasta.

Bucuroși nevoie mare că laptele pribegei le salvase pruncii, după un timp, tâlharii i-au petrecut pe Iosif și pe ai lui, până la un drum umblat și sigur, dându-le provizii și câțiva bănuți. Blândul Iosif a privit multă vreme la acei bănuți.

Nu în fiecare zi te răsplătesc tâlharii cu bani... „Doamne, ajută-mă să înțeleg asta!”

Crescând, copiii alăptați de Maica Sfântă nu au știut face altceva decât părinții lor și au devenit tâlhari. Au prădat mult și au omorât, speriind șapte ținuturi. Într-un târziu, fiind prinși, au fost aduși în fața lui Pilat. Acesta i-a judecat și pentru fărădelegile lor, i-a condamnat la răstignire, spre pildă. Căci această pedeapsă, folosită îndeosebi pentru creștini, fiind cea mai grea, îi putea speria pe ceilalți tâlhari.

Pe Golgota sunt trei cruci: la mijloc Iisus Hristos, Regele iudeilor, la dreapta tâlharul care, prunc fiind, avusese mama bolnavă și fusese mai mult alăptat de Maria, la stânga, cel a cărui mamă avea doar un sân și fusese mai puțin alăptat. Cel din stânga batjocorea pe Iisus. Cel din dreapta a spus:

– Doamne, adu-Ți aminte de mine când vei ajunge în împărăția Ta!

– Adevărat grăiesc ție, astăzi vei fi cu Mine în Rai!

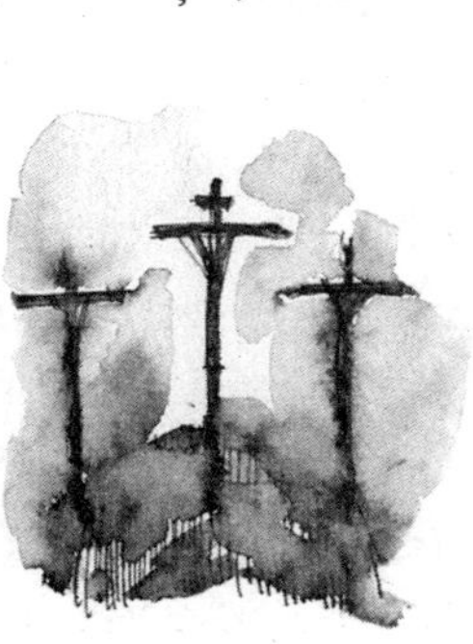

Frumoasa Struga

Se lăsase pe pământ o secetă grozavă, care arsese tot, secase fântânile, pârjolise câmpurile... Într-o bună zi, în sat au intrat niște străini ciudați: un bătrân și o Tânără, cu un Prunc în brațe. Cătau din poartă în poartă un strop de apă, să-și potolească setea năprasnică. Nimeni nu le-a dat, fie că n-au avut, fie că n-au vrut... Așa au ajuns la ultima casă din sat, cea mai mică și mai săracă, aplecată pe o rână. Au bătut la ușa săracă. De cum a atins ușa cu mâna, Pruncul a surâs, și Maria a știut toată povestea fetei.

Se numea Struga. Un bogătan din apropiere pusese ochii pe frumoasa fată și o voia de nevastă cu orice preț, deși ea îi spusese că nu-l iubește și nu-l vrea de soț. Acesta trimise deci la părinții ei pețitori cu dar bogat: doi boi grași, o căruță trasă de doi cai, plină-ochi cu haine frumoase, blănuri, podoabe nemaivăzute prin părțile acelea și o ladă cu aur. Țăranii au mulțumit cuviincios pentru daruri, spunând că fata lor se va căsători, numai din dragoste, cu cine va voi ea, căci este prea săracă.

Acest răspuns, ciudat pentru vremile acelea, când părinții hotărau căsătoriile copiilor, a mâniat peste măsură pe bogătan, care a așteptat un prilej prielnic pentru a o răpi pe Struga. Era învățat să-și facă toată voia și să nu întâmpine împotrivire de nici un fel.

Într-o zi, când fata a mers în pădure să adune lemne de foc, omul cel bogat a tăbărât asupră-i, însoțit de multe slugi înarmate. Au legat-o pe Struga și au urcat-o pe un cal, care a luat-o la galop. Zbătându-se să scape, fata a căzut de pe cal într-o râpă. Omul cărpănos la inimă a văzut cât de adâncă era râpa și a fugit de la locul faptei. Struga, rănită și de teamă ca bogătanul să nu se întoarcă cu alte slugi, s-a tras în pădure și și-a pierdut cunoștința. Când s-a trezit, a văzut că nu-și mai poate mișca picioarele. A început să se târască spre casă, dar, așa pe brânci, drumul a durat foarte, foarte multă vreme... Oameni buni au găsit-o pe Struga, au îngrijit-o și, când au aflat cine este, au adus-o acasă.

Între timp, părinții ei muriseră de inimă rea, rămânând fără copila mult iubită. Singură, nemângâiată de pierderea celor dragi, ea torcea și împletea, pentru a-și câștiga pâinea zilnică, deoarece, având picioarele damblagite, nu mai putea merge și nu putea munci altfel. Inima însă i-a rămas iubitoare, curată, senină.

Cei trei au ciocănit. După o vreme, ușa s-a deschis.

– Fată frumoasă, fie-ți milă, dă-ne un strop de apă, pentru Pruncuțul nostru, altfel Se prăpădește! a spus Femeia cea tânără, cu glas sfârșit.

– Cu dragă inimă! le răspunse Struga, dându-le ulcica cu ultimele înghițituri de apă.

Aducea apa de foarte departe, din pădure; și, pentru că era oloagă, se ducea târâș, se întorcea târâș...

– Beți, sărmanii de voi! Sunteți însetați!

Străinii au băut, s-au așezat apoi pe prispă, să-și tragă sufletul.

– Ce Prunc drăgălaș! Femeie bună, dă-mi-L, să-L țin și eu oleacă în brațe, căci n-am avut parte de copii!

Maria i L-a dat cu drag, înțelegând, fără vorbe, durerea inimii ei.

L-a luat în brațe și îndată și-a simțit sânii plini de lapte și o mare dorință de a alăpta copilul. S-a speriat și a strigat:

– Doamne Sfinte, Cine mi-a intrat în casă! Cine sunteți voi?

– Liniștește-te, Struga, și alăptează Pruncul...

– Dar de unde știți cum mă cheamă? a întrebat Struga, alăptând.

– Ascultă, fată dragă, pentru binele ce ne-ai făcut, ce altă dorință ai?

– Apoi, am o singură și mare dorință! Pentru că sunt oloagă, aș vrea să pot merge, să pot sta dreaptă!

– Atunci ridică-te și dă-mi Pruncul! i-a spus cu mare blândețe Maria, Ușa mântuirii.

Struga, cu mare uimire, s-a ridicat în picioare, a făcut un pas și i-a dat Pruncuțul, ea, care de ani de zile se mișca numai târându-se.

– Ține minte ce-ți spun! De astăzi, de vei trăi mult ori puțin, vei putea sta și merge pe picioarele tale, iar după moarte, tot în picioare vei sta și mult vei mângâia sufletele oamenilor cu bunătatea ta, așa cum ai făcut și cu noi! adăugă Maica Domnului.

Apoi cei doi străini cu Pruncul lor au coborât de pe prispă și duși au fost, înainte ca Struga să se dezmeticească. Era bucuroasă nevoie mare, putea umbla pe picioarele ei, putea munci, putea juca, putea alerga. Era mare minune... În urma celor trei drumeți, la scurt timp, au năvălit sutașii lui Irod. Au dat buzna peste oameni în case, întrebând de cei doi drumeți și Pruncul lor. La marginea satului, au intrat și în casa Strugăi și au întrebat-o de cei doi străini. La orice întrebare ea răspundea: „Nu știu! N-am văzut!" Mai-marele sutașilor a cunoscut că nu vrea să-i ajute și, mânios, a poruncit s-o lege de stâlpul casei. Apoi s-au depărtat la zece pași și au străpuns-o cu săgețile, după care, mulțumiți, au plecat în calea lor.

Dimineața, sătenii îngrijorați au venit să vadă ce-i cu Struga. N-au găsit decât o plantă legată de stâlpul casei, crescută de jur-împrejurul streașinei, parcă îmbrățișând-o, cu tulpina ei lemnoasă, având frunze crestate adânc și cu ciorchini mari, rubinii, foarte dulci, pe care i-au numit „struguri", în amintirea frumoasei Struga.

Povestea mândrului Agriș

Bătrânii povestesc că dintru început, când l-a făurit Creatorul, agrișul era un copac falnic și rămuros, iar crengile sale nu aveau nici măcar un ghimpe. Fructele lui mari și zemoase erau înmiresmate, și de aceea era foarte căutat și prețuit. Pentru aceasta el era tare mândru de sine însuși. Prigonită de nemilosul Irod, familia lui Iisus călătorea pe drumul pribegiei și, fiind peste măsură de ostenită de drum lung și greu, s-a așezat la umbra unui agriș, ca să se odihnească.

Mama și-a alăptat Pruncul mai întâi. După ce s-au odihnit cât se vor fi odihnit, Iosif și Maria au simțit foamea. S-au privit ochi în ochi, în tăcere. De multă vreme se înțelegeau din priviri, fără cuvinte. Mergeau de atâtea zile și nu întâlniseră țipenie de om. În traiste nu mai aveau, de un timp, merinde. Ce să facă? Priveau în jur, visând ceva de mâncare...

Privirile Maicii Sfinte s-au oprit pe crengile agrișului, care era plin de fructe mari, zemoase, înmiresmate. Era o altă minune, ca multele ce-i însoțiseră pe drumul pribegiei și le întăriseră inimile. „Aceste fructe zemoase ne vor potoli și foamea, și setea!" gândi ea și spuse bucuroasă agrișului:

– Pom minunat și de roade încărcat, fii milostiv și dă-ne câteva din fructele tale, căci de multe zile nimic n-am mai mâncat, și laptele aproape mi-a secat!

Agrișul, mândru din fire și neștiind cu ce fel de oameni are a face, și-a ridicat și mai sus crengile și a răspuns plin de fäloșenie și mânie:

– Se vede că sunteți niște oameni slabi și niște sărăntoci!

– După ce se vede? a întrebat Iosif, minunându-se că pomii vorbeau și lucruri de mirare spuneau.

– V-am dat umbra ca să vă răcoriți, și acum, în loc să-mi mulțumiți, îmi cereți pe deasupra și poame! Pfui! Sărăntocilor!

– De ce este rău că îți cerem poame? a întrebat liniștită Maria.

– Nu-s de mâncat? s-a mirat și Iosif, care era tăcut de obicei.

– Roadele mele nu-s pentru oricine! Sunt poame nobile și alese, demne de masa unui împărat! Hai, cărați-vă de aici, cerșetorilor!

Iosif și Maria au lăsat capetele în jos: nu era prima oară când erau umiliți și goniți. S-au pregătit de drum, Iosif a ajutat Mariei să urce pe măgăruș și i-a pus Pruncul în brațe. Mama L-a învelit drăgăstoasă în mantie. Dacă El mâncase, totul era bine. Dar, când să plece, Maria, Ușa Cerească, auzi Pruncul grăind și astfel menind agrișului:

– Ca nimeni să nu te mai tulbure, să-ți crească ghimpi mari pe crengi! Fiindcă ești mândru, să te pipernicești! Și, pentru că te crezi ales, să stai singur și, numai la mare nevoie, să se mai apropie omul de tine!

De cum a rostit aceste cuvinte, agrișul s-a pipernicit, i-au crescut țepi mari, negri și ascuțiți pe crengi și, din falnicul pom, n-a mai rămas decât o stârpitură de arbust ghimpos, pe care nimeni nu-l băga în seamă.

Apoi drumeții au plecat, iar Maria a închis în sufletul ei și această întâmplare, cu un zâmbet blând.

Tainicul izvor de mir

Pe când călătoreau prin Egipt, fiind foarte cald, Dreptul Iosif, Fecioara Maria și Pruncul Iisus au însetat. Mergeau de multe zile și nu găsiseră nici o baltă măcar, nici atât un izvor cu apă rece, limpede și cristalină. Apa le părea un vis îndepărtat, care îi făcea să simtă și mai tare că sunt pribegi într-o țară străină. Maria era foarte îngrijorată. Ea se obișnuise cu setea și arșița, dar, cu fiecare zi, laptele se împuțina și se întreba cu ce va mai hrăni Pruncuțul, dacă izvorul laptelui va seca. Iosif îi împărtășea și dânsul îngrijorarea, dar amândoi își puseseră nădejdea în Domnul. Cu siguranță îi va scoate și de data aceasta la liman. Așa că se rugau pe cale, păstrând liniștea în sufletul lor.

Seara se opriră pentru odihnă. Preacurata făcu culcuș pentru toți trei lângă o stâncă uriașă, iar Iosif îngriji de măgăruș. Cu toții erau sfârșiți de sete și de oboseală. Se lungiră în culcuș și, de cum apărură primele stele, adormiră.

Maria avu un vis minunat, în care se făcea că stânca era, de fapt, un uriaș. Uriașul acesta n-avea inimă. În locul ei, în pieptul lui era o piatră. Iată de ce mereu se mânia nespus și prăpădea totul în jur. S-a întâlnit cu Domnul, Care plin de milă a spus uriașului de piatră:

– Dară tu n-ai inimă, de-aceea ești așa supărat și prăpădești tot.

Apoi Atotputernicul, cu degetul, a atins pieptul uriașului, iar piatra s-a prefăcut în inimă caldă, din care izvora iubirea ce curgea peste lume ca un izvor dătător de viață. Când uriașul a murit, s-a prefăcut într-o stâncă, din care țâșnea o apă rece, cristalină, dătătoare de puteri, cu care și-au potolit setea și și-au răcorit fețele mulți oameni.

Poposind acolo, a doua zi, Maria se trezi odată cu primele raze de lumină, dar nu deschise ochii. Auzea încă susurul izvorului din vis, care parcă îi potolea setea arzătoare și îi da speranță. „Doamne, ce sete îmi era!" Deodată simți apă pe obraz și deschise ochii.

Micul Iisus, așa culcat cum era lângă ea, Se juca cu mânuța Lui gingașă în apa cristalină ce izvora din stânca lângă care se culcaseră. Încă mai dormea și, cu siguranță, visa frumos...

– Dragă Maria, trebuie să pornim, așa că, rogu-te, scoală-te, auzi ea glasul blând al lui Iosif, care îl pregătea pe măgăruș de drum.

Deschise și închise ochii de mai multe ori, ca să se încredințeze că nu visează..., dar izvorul nu dispărea.

Deci nu visa..., nu visase că Domnul iscase izvorul..., izvorul exista cu adevărat. Își privi Copilul și bărbatul și se bucurară toți trei. Apoi, ca orice mamă grijulie, dezbrăcă Pruncuțul de cămășuță, Îl spălă cu drag, Îl șterse. Unde sărise apa de pe trupul copilului răsăriră plăntuțe care într-o clipă înfloriră. Îi clăti și cămășuța în apa izvorului și o puse la uscat pe o tufă de scaiete din apropiere. Soarele arzător o uscă îndată. Când Maica Sfântă luă cămășuța, văzu că scaietele înflorise. Înțelese că vorbele sunt de prisos și tăcu.

Iosif, care pregătise animalul de drum și-l adăpase, se așeză în genunchi lângă izvor, ca să își răcorească fața înăsprită de soarele arzător. Se aplecă și își dete cu apă pe față de mai multe ori. Apoi se apropie de Maria, ca să-i vorbească, s-o încurajeze. Aceasta îl privi și se dădu un pas înapoi, punându-și uimită mâna la gură.

– Ce-i, Marie? s-a îngrijorat Iosif.

– Rănile de pe față ți s-au vindecat...

Iosif și-a dus mâinile la obraz, s-a pipăit și a înțeles că este adevărat.

Au pornit la drum, în tăcere, Iosif trăgând măgarul de căpăstru, Maria, Cheia Împărăției, sus pe măgar, umbrind fața Pruncului cu mantia, ca să nu-L ajungă arșița.

Oricine trecea prin acel loc găsea un izvoraș firav, care părea mai degrabă ulei... și, însetat, bea din izvor și se tămăduia de orice boală... cu mirul acela. Oamenii l-au numit „izvorul de mir" și plecau de acolo surâzând și cu inima împăcată.

Povestea învățătorului Zahia

„Învățătorul adevărat învață de la elevul său", spune cartea Proverbelor. În orașul din Galileea, în care locuia familia lui Iisus după întoarcerea din Egipt, trăia și un învățător vestit numit Zahia. El auzi cuvintele adânci pe care micul Iisus le rostea printre copii și văzu bine că era neîntrecut în forța vie a cunoașterii. Asta îl făcu să sufere și să facă loc șarpelui invidiei și orgoliului în inima lui. Îl chemă pe Iosif și-i vorbi nestăpânit și necuviincios:

– Bag de seamă că tu și Maria Îl iubiți mai mult pe Fiul vostru decât sfânta tradiție păstrată de bătrânii poporului nostru. Să mi-L dai pe Fiul tău să-L învăț cunoașterea omenească, cunoașterea de cele sfinte și sfiala trebuitoare!

Iar blândul Iosif, care multe minuni ale Copilului Iisus văzuse și le păstrase ca taină a sufletului său de tată și om, răspunse:

– Dacă tu, învățătorule, crezi că Îl poți îndruma și învăța, noi, părinții Lui, nu ne vom pune în nici un fel împotrivă.

– Dați-mi Copilul să-L învăț legea, cunoașterea și să-L educ!

– Întocmai vom face! a spus Iosif, care vedea sufletul negru și înțelegea mândria mânioasă a învățătorului.

Dar, cum nu-și dorea să iasă din rândul lumii călcând regulile străbune, se supuse. Cu multe alinturi, Maria și Iosif aduseră Copilul la școală.

Când intrară, Iisus tăcu sfios. Maestrul, bucuros că toți vor vedea marele lui har de învățător, Îi spuse o literă: Aleph! Și, voind să arate marea lui știință și în același timp neștiința Copilului, adăugase apăsat:

– Aleph! Răspunde-mi!

Iisus tăcea pentru că învățătorul nu-L învățase nimic, și acum Îl lua la întrebări. Învățătorul se mânie foarte, luă un băț și lovi pe micul Iisus în cap.

– De ce Mă bați? Nu M-ai învățat nimic, și Mă bați?

El nu Se supără, pentru că avea o mare blândețe sufletească și multă cunoaștere de oameni. Apoi Se gândi: „Adevărat este că cel bătut poate învăța mai multe pe cel care îl bate." Iar învățătorul cel nedrept auzi și el gândul micului Iisus și se sperie în adâncu-i, dar nu lăsă să se vadă.

– Spune-mi tu, învățătorule, care este înțelesul tuturor literelor, vorbește-Mi despre Aleph, despre...

Apoi Copilul se întoarse către cei de față și le explică taina tuturor literelor, ce înseamnă prima literă, de ce are atâtea unghiuri care cresc treptat, ascuțite în jos, așezate spre mijloc, linii care mai apoi se retrag în sine, care se îndreaptă mai apoi în afară, tind spre înalturi, merg pe căi drepte, ca mai apoi să o ia din nou pe căi curbe... Ascultând, învățătorul rămase uimit, căci el nu știa atâtea despre literele alfabetului. Dintr-odată lumina înțelegerii își făcu loc în inima și mintea lui. Apoi, luându-și seama și înțelegând că are în fața lui un trimis al Cerurilor, zise smerit:

– M-am făcut de rușine, vai mie, crezând că-L pot avea de elev și că-L pot învăța știința mea! Nu pot ține piept cuvintelor Lui. Mi-am găsit învățătorul! Cu vorbele, El poate stinge focul cel mai mare și poate potoli grozăvia furtunii. Deși bătrân, eu nu pot găsi nici începutul, nici sfârșitul vorbelor Lui. Adevăr vă spun vouă: felul cum Și-a ales vorbele, felul cum a condus gândul spre arătarea înțelesurilor nu are nimic comun cu felul omenesc de a fi. Este ori un mare mag, ori Dumnezeu!

Iar cei de față au adăugat într-un glas, plini de smerenie:

– Vorbește ca un înger sau ca un trimis al Cerului!

Atunci micul Iisus zâmbi și cu glas mare spuse:

– Ceea ce este nerodnic va purta roade, orbii vor vedea, slăbănogii vor merge, săracii se vor bucura de multe bunătăți, se vor trezi la o nouă viață...

Când Copilul rosti aceste vorbe, toți cei de față care erau bolnavi se vindecară de bolile ce le aveau și deodată au știut acest lucru și au rămas copleșiți de atâta iubire dumnezeiască.

Ceea ce n-a văzut decât Maria a fost puzderia de îngeri ce se adunaseră încă de când veniseră la învățător. Tot doar ochilor ei iubitori și smeriți le-a fost dat să vadă focul roșu al mâniei învățătorului și lumina blândă ce Îl înconjura pe micul Iisus.

Apoi a urmărit cu ochii sufletului lumina strălucitoare pornită din inima Lui ce colindase printre cei de față vindecându-i. La sfârșit, văzu lumina minunată prefăcându-se în porumbel ce se înălțase la Ceruri.

Se spune că învățătorul acela plecase în altă țară, foarte departe, nu din umilința puținelor cunoștințe, ci de rușinea răutății ce făcuse împotriva Copilului Iisus. Și multă vreme i-a trebuit să înțeleagă ce se întâmplase și să-și amintească ceea ce Copilul spusese despre literele alfabetului... și zâmbea amar ori de câte ori își amintea.

Uneltele de tâmplar

În vremea când Iisus era plecat în pustie, Mamei Sale, Maria, i se făcea adesea foarte dor de Dânsul. Ca să-i mai treacă dorul, ea intra în atelierul de tâmplărie, acum gol și trist, unde odihneau uneltele Lui de tâmplărie. Ștergându-și lacrimile din colțul ochilor, privea uneltele aliniate la locul lor, le mângâia cu duioșie, pentru că El le ținuse în mână, își amintea diverse întâmplări din copilăria micului Iisus și parcă se mai mângâia.

Așa se întâmplase și în ziua aceea, intrase în atelier ca să-și ogoiască dorul. Și, cum sta îngândurată, rezemată de un stâlp, a auzit glasuri. Nu s-a mirat, căci, oriunde fusese El, nimic nu mai era ca înainte.

– Ceva mai rău decât monstrul fierăstrău nu poate fi sub soare! Dinții lui ascuțiți sfâșie tot ce întâlnesc în cale!

– Menghina nemiloasă strânge și strivește orice îi iese în cale! Feriți-vă!

– Ce să mai spunem despre grozava rindea, care mușcă și jupoaie fără milă orice apucă?

– Cleștele desface, taie, smulge tot! Vai nouă!

– Dar ciocanul, balaurul, care zdrobește cât ai clipi capul cuielor și obligă capetele de lemn să se îmbuce?

– Sau cuiele, viclenele, care, mici ori mari, necruțătoare pironesc totul cu vârful lor ascuțit?

– Să nu uităm maștera rașpelă, care zgârie orice i se împotrivește, nivelează, impune cu forța punctul ei de vedere?

Astfel vorbeau uneltele, unele despre altele, până au hotărât că asemenea creaturi crude nu au ce căuta sub soare și trebuie deci să piară, sau măcar trebuie pedepsite ori surghiunite. Ciocanul voia să gonească menghina și rindeaua, rindeaua era contra cleștelui și fierăstrăului, care nici nu voia să mai audă de cuie. Cuiele erau pornite împotriva rașpelei, iar aceasta, împotriva daltei... Menghina era contra cleștelui. Fiecare era contra tuturor, vorbeau mânioase și, în același timp, puțin lipsind să se ia la bătaie... Deodată în atelier a intrat Meșterul și... s-a făcut liniște.

El a luat câteva scânduri și le-a tăiat cu fierăstrăul, după care le-a prins în menghină și le-a fasonat cu rindeaua, a bătut cu ciocanul cuiele, a netezit ici-colo cu rașpela, iar cu dalta a făcut pe margine o frumoasă crestătură... un pește, o cruce înconjurată de trandafiri.

Meșterul cel bun, folosind fierăstrăul care sfâșie, rindeaua care mușcă, ciocanul care zdrobește, cuiele care străpung, rașpela, dalta, făcuse un minunat pătuț pentru un nou-născut...

Maria, surâzând cerurilor, Îl privea pe Iisus cum pune ușor, jos, pătuțul, îl cântărește din ochi și mângâie lemnul. Mâna Lui iubitoare condusese uneltele cele rele și le pusese să facă ceva bun și frumos, care avea să aducă bucurie.

– Mamă, de când ești aici?

– Ai venit, Fiule, să-Ți iei rămas-bun de la tâmplărie...

– Totdeauna ai fost o Mamă minunată, care a știut ce este în inima Mea!

Scara Cerului

Câtă vreme Hristos a propăvăduit pe pământ, Maica Sa, Cheia Cerului, Îl urma îndeaproape, pretutindeni, îngrijind de El și de cei doisprezece ucenici, ca de propriii ei fii. Grijulie, ca orice mamă, le pregătea loc de odihnă, ceva de mâncare, cârpindu-le hainele când se rupeau, spălându-le când se murdăreau. Fără să vorbească prea mult, neștiută și mai mult nebăgată în seamă, Maria Îl urma bucuroasă pretutindeni, participând astfel, după puterile ei, la tot ce făcea El. Se mulțumea cu o privire, un zâmbet fugar pe chipul Lui grav, se bucura să-I înțeleagă din ochi gândurile, dorințele, bucuriile și tristețile, durerea trezite de răutatea și de neghiobia oamenilor. Dar ea se mulțumea să-I audă vorbele direct în inimă, să-L asculte cu sufletul. Îl auzea și când nu era de față.

Într-o seară, Maica Sfântă se odihnea la malul mării. Se rugase îndelung. Acum privea apele luminate de apusul soarelui. Parca toată lumina Raiului se scursese în mare și o aurise. Apoi soarele a scăpătat, dincolo de linia orizontului, și cerul s-a spuzit de stele. Cerul era de un azuriu luminos și plin de taine.

Deodată, în văzduh a apărut un punct luminos, care se învârtea și creștea. Când s-a făcut cât o baniță, în Cer s-a deschis o poartă mare, aurită. Prin această poartă a țâșnit o rază luminoasă care a luminat marea până la fund. Din această rază de Rai a răsărit și a crescut un pom minunat, înrămurat, cu rădăcina sus, sădită în soare, și cu ramurile-n mare. Iar pe ramuri erau mere aurite, pe care valurile le desprindeau de pe ramuri și cădeau lin până în adânc. Îngrijorată că toate merele de aur vor ajunge pe fundul mării la peștii care n-ar fi știut ce sunt și ce să facă cu dânsele, Maica Domnului astfel grăi:

– Pomule, dragule, ridică-ți ramurile!

Iar pomul prinse grai și-i răspunse:

– Treci în lin și treci în mare, că nu sunt ce ți se pare. Nu sunt măr, nici măcar nu sunt pom, ci sunt scară, care urcă și pogoară. Eu sunt scara minunată, de Steaua Magilor luminată, pe care Pruncul a coborât și în lume a venit, pe Domnul să preamărească, pe oameni să mântuiască.

Văzând această minune, Maria s-a lăsat în genunchi și ca pentru sine a șoptit:

– Este scara Cerului, scara lui Dumnezeu...

– Da, nu-i scară pentru oricare, ci e scară de-nălțare. Și când vremea s-o-mplini, Hristos pe scară va urca, în Ceruri Se va-nturna.

Maica, Poarta Împărăției, pe dată a înțeles totul, a simțit cum o sabie îi străpunge inima, și o lacrimă fierbinte i s-a prelins din ochiul drept.

Ca mângâiere, pomul-scară i-a mai șoptit:

– Sunt a Domnului scară, cu fușteiele de ceară, care urcă și pogoară, jos în sfintele duminici, pe la dalbele biserici..., în arzătoarele rugăciuni...

Maria a închis ochii, a lăcrimat amar în inima ei și a săpat adânc în sufletul său vorbele scării. A stat mult pe malul mării, rugându-se.

Într-un târziu, punându-și toată nădejdea în Domnul, s-a întors la treburile ei. Era seară, și ucenicilor le era, desigur, foame. Trebuia să pregătească cina. Și , cu un zâmbet, Maica s-a pus pe treabă, știind că la Domnul grija pentru ceilalți este treaptă pe scara iubirii celei adevărate și bogăție în Ceruri.

Cel mai frumos copil

Apostolul Ioan i-a spus că sutașii lui Pilat L-au legat, L-au bătut, L-au luat... Maica Sfântă își caută Fiul pretutindeni și, pentru că nimeni nu L-a văzut, pentru că nicăieri nu L-a găsit, obosită și deznădăjduită se așază pe un bolovan de la marginea drumului. Plânge sfâșietor, pentru că în inima ei știe că Fiul său este în primejdie și că nu poate face nimic, căci așa era scris. Inima unei mame nu poate fi înșelată și nici mângâiată. Plânge, și lacrimile îi curg șiroaie pe pământ.

– Nu mai plânge! Auuuzi? Nu mai plângeeee atât!

Maria se oprește din plâns la auzul vocii care îi vorbea.

– Nu mai boci, Femeie! Lacrimile tale sunt sărate, și balta, pe care ai făcut-o, nu-i de nici un folos. Nimic nu trăiește pe sărătură. Auzi?

Maria s-a aplecat spre broasca din fața ei și, ștergându-și lacrimile, a întrebat-o cu multă blândețe:

– Cu mine vorbești?

– Cu tine, Femeie nesocotită! N-auzi? Nu mai plânge, că ne omori cu lacrimile tale sărate! Uite ce baltă mare ai făcut. Ne îneci!

– Așa am să fac, am să tac, pentru că nu vreau să-ți fac rău.

– Dar de ce plângi cu nouă rânduri de lacrimi, Femeie?

– Nu-mi găsesc Fiul, broască dragă!

– Dacă nu L-ai crescut cum trebuie! Trebuie să fii aspră cu copilul, pentru că, dacă te ascultă, scapă de multe primejdii. Dar să știi că nu tot ce pare rău este cu adevărat rău, după cum ceea ce azi pare bun s-ar putea ca mâine să fie rău...

Deodată, Maria își aminti că se mai întâlnise cu broasca asta filosoafă.

Micul Iisus plecase la școală și uitase colăcelul de I-l făcea Mamă-Sa în fiecare zi. Mama sta la ușa școlii și nu știa cum să facă, pentru că n-ar fi vrut să-l întrerupă pe dascăl, dar se și grăbea, căci avea de terminat o pânză. O văzu pe mama broască și-o rugă:

– Bună broască, n-ai vrea să dai tu Băietului meu colăcelul, căci trebuie să merg la târg să iau fir pentru pânza ce am de gătat?

– Ba da, Femeie, dar cum știu pentru Care Băiat este colăcelul?

– Este pentru Cel mai blând și Cel mai frumos dintre copii!

Când Maria s-a întors, a văzut că broasca Îi dă colăcelul fiului ei, brotăcelul. A înțeles repede și nu s-a supărat. Era în firea lucrurilor ca pentru o mamă, copilul ei să fie cel mai frumos, chiar dacă era un pui de broască...

Și acum se întâlneau din nou.

– Dar tu ești o înțeleaptă..., spune Maica, zâmbind.

– Nu mă întrerupe... Plângi, pentru că ți-ai pierdut Fiul?...Eu n-aș fi așa tristă dacă fiul meu, buburos și crăcănel, s-ar pierde... așa un pic..., pentru că m-am săturat să râdă lumea de mine... Dar ce să-i faci! E fiul meu și gata, cum spune proverbul: dacă și cioara își iubește puiul... atunci și broasca îl iubește.

Maria începu să râdă ușor. Nu mai râsese de pe vremea când se juca cu micul Iisus. Se opri din râs ca broasca să nu creadă că râde de dânsa și-i spuse cu blândețe:

– Înțeleaptă creatură, pentru că m-ai înseninat pentru o clipă cu vorbele tale pline de miez, îți menesc viață lungă, lungă și să nu putrezești după moarte! a spus Maria surâzând cu bunătate și blândețe.

Și până în ziua de azi, broaștele când mor, nu putrezesc, ci se usucă.

Mama își caută Fiul

Maica Domnului va fi venit și în acel an la Ierusalim, pentru sărbătoarea Paștelui. Și, ca și în ceilalți ani, va fi cumpărat un miel cu patru zile înainte, ca să aibă ce aduce jertfă. Așa cerea legea străbună. Nici prin gând nu-i trecea că la acest Paște Mielul va fi chiar Fiul ei, că El va fi Jertfa. Maria Magdalena i-a spus Mariei că romanii L-au prins pe Hristos. Ea a simțit iarăși cum o sabie îi străpunge inima și i-o sfărâmă. Cine poate descrie în cuvinte sfâșietoarea durere care ca o gheară se încleștează și strânge inima unei mame, când ea își știe fiul în primejdie? O inimă sfâșiată nu poate fi mângâiată decât de speranță.

Deznădăjduită, Maria își caută Fiul peste tot, întrebând tot omul dacă nu L-a întâlnit, amăgindu-se cu gândul că nu era adevărat, că Fiul ei nu era în primejdie... Ea Îl descrie tuturor în tot adevărul Lui ceresc. În Hristos era tot Cerul, căci soarele, luna și stelele toate, toți îngerii jertfiseră ce avuseseră mai bun pentru ca Fiul să coboare printre oameni ca om. Merge Maica pe drum și-i oprește pe toți drumeții, întrebându-i:

– Om bun, om bun, poate ai văzut, ori ai întâlnit, mândru bărbat, cu lungă cămașă, până la pământ, pe poale cu Stele, pe piept Soarele, pe spate Luna, iar pe umeri Luceferei...

– Mergi în treba ta, nu mă încurca! Alerg la Pilat cu acest bici lucrat dintr-o piele tare, în nouă împletit, și cu nouăzecișinouă de plumbi la vârf legat...

De parcă n-ar fi auzit, Maica merge pe drum și oprește alt om.

– Oare ai întâlnit, oare ai văzut drag Fiuțul meu? Poartă haină dalbă, lungă până la pământ, cu Stele mici pe mânecuțe, Stele mari pe poale, Luna pe spate, Luceferei pe umeri, iar pe piept mândrul Soare?

– Dă-te de o parte, femeie! Sunt tare grăbit, pentru că sunt meșter lemnar de vază și nu în fiecare zi primesc de cioplit așa cruce mare pentru răstignire! Lasă-mă, că mi-e degrabă!

Îndurerată, ascultă, dar răspunsul nu-l aude. Aleargă de la om la om, tot întrebând. Apoi oprește un alt trecător.

– Cine a-ntâlnit, cine a văzut mândrul Fiul meu, cu veșmântul aurit, lung, lung până în pământ? Iar pe spate și pe piept, scrise-s Luna și lumina, Soarele cu razele! Iar pe cei doi umerei scriși sunt doi Luceferei. Și-mprejurul poalelor, multe stele mărunțele, mai în sus, mai măricele! geme Maria.

– Lasă-mă, femeie! Sunt marele meșter fierar! Mă grăbesc să duc lui Pilat äste piroane, pe care le-a cerut de cu seară, căci azi răstignește pe Regele iudeilor!

Maica auzea, în drum se oprea, jos se așeza, întruna plângea și se tânguia... Apoi mult, mult se ruga. Ea bine știa că nici o mamă nu poate lua suferința copilului asupra sa... și, cu toate acestea, bucuroasă ar fi stat în locul Lui la cazne...

Privind în lungul drumului, a văzut pe Iosif din Arimateea cu un pocal în mână. Toți mergeau în același loc, pe Golgota, să vadă Răstignirea. S-a ridicat, și-a șters lacrimile și a pornit spre locul Răstignirii. Să fie acolo lângă El, să-L mângâie cu ochii, să-I surâdă cu toată dragostea ei de mamă, îmbărbătându-L... Să se roage... O mamă este totdeauna lângă fiul ei, inimă lângă inimă.

Crucea tâlharului nemântuit

Maria a ajuns la locul răstignirii, pe Golgota, sub Cruce. Inima și cugetul ei sunt lângă Hristos Care, prin iubirea Lui, era unit cu tot Pământul și Cerul. Deodată a înțeles că tot ce era pe Pământ vorbea cu glas numai de ei și de îngeri auzit.

Vorbea aerul, vorbea țărâna Golgotei, vorbea lemnul Crucilor și toate povesteau, iar Maica asculta. Urechile ei auzeau un glas tainic, iar ochii ei vedeau ceea ce glasul acela istorisea. Și, privind dincolo de lucruri, ea zâmbea. Oamenii mâniaseră pe Domnul cu răutatea lor fără margini. Și Domnul a trimis Potopul pentru a spăla relele și a curăța Pământul, pregătindu-l pentru un nou început. Apele învolburate și mânioase ale Potopului ajunseră până la porțile Raiului. Nu se știe cum, undele apelor mânioase luaseră cu ele un lemn, pe care îl purtară multă vreme de colo-colo. După ce curcubeul bucuriei vesti iertarea dumnezeiască, apele se retraseră încet, încet. În prundul unui râu ce se cheamă Merra rămăsese, pe jumătate îngropat în mâl, lemnul scos de Potop din Rai. Și, fiindcă era lângă udătură, nu după multă vreme, lemnul prinse rădăcini, înmuguri, înfrunzi, crescu, apoi înflori și cu trecerea vremii deveni un pom falnic.

A trecut apoi mult, mult timp... Iată că a venit vremea când Moise i-a scos pe iudei din sclavia egipteană, plecând în lungul drum spre Țara Făgăduinței. Drumul lor a fost plin de greutăți, pericole, ispite și lipsuri. Cel mai mult sufereau de sete, pentru că, atunci când totuși găseau vreo baltă sau un izvor, parcă anume apa era amară, sporindu-le și mai tare setea și chinul. Dar Domnul veghea asupra poporului Său. Un înger i-a arătat lui Moise pomul, de pe malul Merrei, crescut din ramura adusă din Rai de apele Potopului și l-a povățuit cum să facă. Moise a rupt două crenguțe pe care le-a așezat cruciș în apă. Pe dată apa s-a îndulcit, și însetații călători au putut bea, potolindu-și astfel grozava sete. Rugi de mulțumire au înălțat Domnului și au plecat apoi în drumul lor. Din lemnul așezat cruciș în apă a crescut, cu vremea, un alt copac falnic și frumos.

Sutașii care la porunca lui Pilat căutau trunchiuri falnice pentru crucile creștinilor au pus repede ochii pe el, căci era cel mai răsărit arbore.

Pe crucea făcută din acest copac a fost răstignit tâlharul care nici în ceasul al doisprezecelea nu și-a deschis ochii sufletului, nu și-a deschis inima și nu s-a întors la Domnul.

Crucea Mântuitorului

Îndurerată la vederea Fiului său răstignit, Maria s-a sprijinit de Crucea înaltă pentru a nu-și pierde firea. În clipa aceea lemnul Crucii, udat de sângele Lui, a prins grai, doar de ea auzit, și a început a povesti cu glas tainic...

„Pedepsit de Dumnezeu pentru neascultarea sa, Adam a trăit mulți ani pe pământ din sudoarea frunții sale, adică muncind din greu pământul. Eva i-a născut în chinuri mulți copii. Astfel, ispășindu-și neascultarea, petrecură amândoi nenumărați ani, de le pierduseră șirul. Și iată că lui Adam i se apropia ceasul. Dar sufletul său zbuciumat întârzia să-și ia zborul din păcătosul trup. Eva și copiii îl vegheau neputincioși, neștiind cum să-i dea ajutor.

Văzând chinurile părintelui său, Set s-a tot gândit cum să-l ajute. După îndelungi și fierbinți rugăciuni, i s-a înfățișat un înger. Privindu-l cu iubire nemărginită, îngerul i-a întins o rămurică din pomul vieții, ale cărui roade ispitiseră pe Adam și Eva.

Din această ramură Set și Eva făcură o coroniță pe care o puseră pe capul lui Adam. Parcă ușurat, eliberat de o mare povară, acesta își dădu duhul suspinând. După obștescul sfârșit, el fu îngropat după datini.

La scurtă vreme, pe mormântul acestuia crescu un lăstar. Ramura adusă de înger și făcută coroniță rodise acest lăstar, care deveni degrabă pomișor. În ciuda vremii aspre, pomișorul se făcu copac. Dar nu copac ca oricare altul, ci unul mare și minunat, căci trunchiul lui, în repetate rânduri, își apropia și depărta cele trei ramuri, împletindu-le de șapte ori. Fiind un copac minunat, nimeni nu s-a apropiat de el cu securea, deși era cel mai falnic din împrejurimi. Îl cunoștea toată lumea drept pomul adus de îngeri din Rai."

S-a scurs mult timp de atunci, oamenii s-au schimbat și a venit răscrucea vremurilor. Când s-a hotărât răstignirea lui Hristos, sutașii romani au căutat un pom înalt. Voiau o cruce mare și înaltă, o cruce care să se vadă de departe, să fie înfricoșată pildă pentru oricare creștin. Un înger nevăzut le-a călăuzit pașii la minunatul pom. Mulțumiți să găsească ceea ce căutau, soldații l-au doborât degrabă la pământ, fără să bage de seamă geamătul prelung al lemnului, oftatul țărânei, suspinul văzduhului...

După ce l-au curățat de ramuri, l-au încredințat unui dulgher, care n-a povestit nimănui că, în timp ce lucra, lemnul plângea și se bucura în același timp, iar sculele alergau parcă singure pe lemn, ca împinse de o putere nevăzută. Degrabă termină o cruce mare, mare, cum nu se mai văzuse: Crucea pe care avea să fie răstignit Mântuitorul.

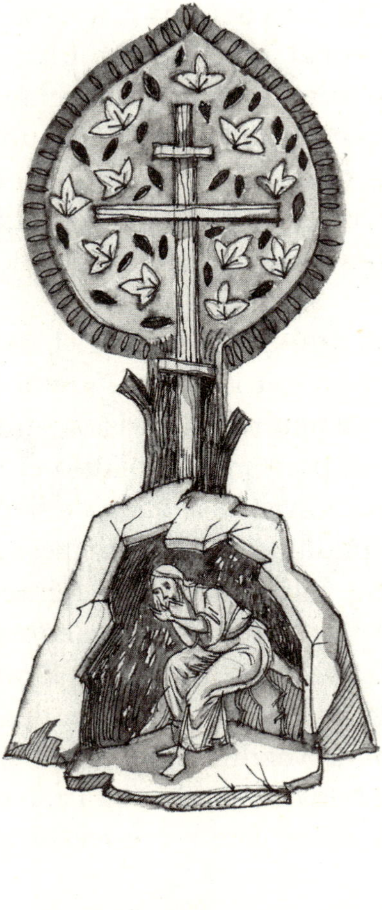

Crucea tâlharului mântuit

Apoi lemnul celeilalte cruci i-a povestit cu glas tânguitor:

„La vremea sorocită, Set împreună cu mama sa au vrut să facă pomana cuvenită părintelui său mort. Sfătuit de un înger, Set a făcut un foc din uscăturile căzute la poalele copacului crescut pe mormântul lui Adam. Focul aprins de Set a fost un foc mare și minunat, care tainic arde și astăzi și va rămâne în veci nestins. Acest foc este străjuit de fiare sălbatice care nu lasă pe nimeni să se apropie, pentru a se păstra taina.

A mai trecut o vreme lungă pentru oameni, clipă în Ceruri. Cuprins de remușcări pentru relele săvârșite, Lot a mers la Avraam să se spovedească. Nespus de tulburat de mărturisirea lui, Avraam a căzut pe gânduri și după îndelungă chibzuință a cerut lui Lot să-i aducă tăciuni din focul nestins al lui Set. A fost o lungă și grea călătorie, în care acesta s-a gândit îndelung la păcatele sale cele multe și grele, pocăindu-se în cugetul său și rugându-se neîncetat.

Ajuns pe țărmurile Eloisului prin voia Domnului, a găsit adormite fiarele cele sălbatice care păzeau minunatul foc aprins de Set. A luat degrabă trei tăciuni, pe care i-a adus apoi lui Avraam. Cunoscând că tăciunii aduși de Lot sunt din focul sfânt, Avraam tare s-a mai minunat și l-a povățuit pe Lot să-i îngroape și să-i ude cu apă din Iordan.

– Când tăciunii aceștia vor fi dat lăstari, atunci păcatul îți va fi iertat! i-a spus el bătrânului Lot.

Și minune: tăciunii au dat lăstari, din care a crescut un pom. A trecut multă vreme, și din acest copac s-a făcut crucea pe care a fost răstignit tâlharul ce a crezut în Mântuitorul."

Golgota – Muntele Căpățânii

Crucile despre care am povestit au fost înălțate pe Golgota. Și Pământul a prins glas și i-a povestit Mariei, smerit și pătruns de înțelesul adânc al faptelor.

Se spune că murise Adam și fusese îngropat după obicei. După multă vreme, furtunile și viiturile scoseseră tigva lui deasupra și o rostogoliseră, în bătaia vântului, în văzul oamenilor.

Împăratul Solomon, înțeleptul, de cum a văzut această tigvă, a cunoscut că este a lui Adam, și o mare mânie i-a cuprins mintea și inima: „Cum? Tigva păcătosului, care pierduse Raiul pentru tot neamul omenesc, sta acolo, rânjind nepedepsită? Și-i batjocorea pe toți cu rânjetul ei? Trebuia făcut ceva, degrabă!"

A poruncit să se strângă tot norodul și să facă după cum făcea el. Și înțeleptul împărat, luând o piatră, a zis cu tărie și glas mare:

– Mă închin ție, Adame, ca primă făptură creată de Dumnezeu și te pedepsesc pe tine, ca pe un neascultător de Domnul!

Apoi a aruncat cu piatra în tigvă.

Tot poporul l-a urmat, a spus aceleași cuvinte și a aruncat câte o piatră. Era mulțime de popor și, cu piatra aruncată de fiecare, s-a făcut un munte adevărat. Oamenii i-au întors spatele, dorind să uite pe Adam și greșeala lui, văzându-și de viața, de copiii și de treburile lor.

Vânturile au adus praf, nisip și tot soiul de semințe ori uscături. Anotimpurile și-au urmat hora rostului lor. Au venit ploi și multe vânturi și, cu trecerea anilor, a devenit un munte acoperit cu verdeață, căruia i s-a spus „Golgota", ceea ce înseamnă „Muntele Căpățânii".

Iar oamenii uitară, căci uitarea este omenească, cum se făcuse acel munte, crezând că apăruse ca toți ceilalți munți, la facerea lumii.

Aici anume, ca și cum ar fi știut, aleseseră romanii, călăuziți tainic din Cer, unde toate erau hotărâte mai-nainte, locul pentru răstignirea creștinilor care călcau legile imperiului. Aici avea să fie răstignit Fiul Omului, Iisus, iar Fiul lui Dumnezeu, Hristos, avea să mântuie tot omul, deschizând un drum nou omului și întregii zidiri.

Maria asculta toate astea cu fruntea rezemată de Cruce. Și, deodată, ca prin vis, se văzu pe sine pe un munte gol. Privi la picioare și văzu prin pământ o sământă..., văzu cum îi dă un colț alb, care repede, repede crește îndreptându-se spre inima pământului, împingând cu putere pietre și valuri de pământ. Apoi văzu cum un alt colț, verde-crud, pornește spre înalt, spre soare... Crește, devine copăcel, apoi trec anotimpurile, și copăcelul devine pom bătrân, martor al multor întâmplări și generații.

Apoi copacul se usucă și devine cruce, mare și atât de înaltă, ce parcă leagă cerul de pământ.

Primul trandafir: Eu sunt vița-de-vie cea adevărată...

Al doilea trandafir: Eu sunt calea, adevărul și viața...

Al treilea trandafir: Eu sunt ușa...

Al patrulea trandafir: Eu sunt pâinea vieții...

Al cincilea trandafir: Eu sunt bunul păstor...

Al șaselea trandafir: Eu sunt Lumina lumii...

Al șaptelea trandafir: Eu sunt învierea și viața...

Nu fusese niciodată ușor să fie Mama Lui. Dar abia acum înțelegea că drumul cu Hristos era un drum al iubirii, dar și al cunoașterii, un drum al cunoașterii prin iubire și sacrificiu. Și Maria a surâs tainic.

La picioarele Crucii

Maria se strecurase prin mulțime cu greu, până a ajuns la picioarele Crucii. Sta sub Cruce cu inima plină de curaj și iubire. Asculta și privea tot ce se întâmplă și toate câte le vedea le închidea în tainița inimii cernite, surâzând. Se aflau mai la o parte împreună Ioan, Maria Magdalena și Iosif din Arimateea. Pe Cruce, Hristos.

Niciodată nu-și spuseseră multe cuvinte. Se înțeleseseră din ochi. Așa făceau de multă vreme, se priveau în ochi și vorbele nu mai trebuiau rostite..., se auzeau unul pe altul direct în duh. Și acum ea Îl privea în ochi și El auzea inima ei, care plângea:

„Vai mie, Fiule, capul Tău care altădată s-a aplecat spre sânul meu, acum este încununat de spini și sângerează. Mâinile Tale, pe care de atâtea ori, când erai micuț, le-am ținut în mâinile mele, sunt acum străpunse de piroane. Trupul Tău, care s-a țesut în pântecele meu cel nevrednic și pe care eu, cu aceste mâini ale mele, l-am înfășat, l-am legănat, l-am ținut în brațe, este acum plin tot de răni și sânge. Picioarele Tale, pe care de atâtea ori le-am spălat și mângâiat când erai prunc, acum sunt țintuite pe lemnul Crucii. Cum voi putea îndura acestă durere eu, care n-am simțit durere la nașterea Ta? Toate măruntaiele îmi ard și ochii se întunecă de lacrimi, căci Soarele meu a apus..."

Stătea la picioarele Crucii și se silea să fie tare. Își amintea că El îi spusese unei văduve din Nain care-și bocea unicul fiu dus la groapă: „Nu plânge!" Apoi i-au venit în minte vorbele lui Simeon, omul care se sfădise cu Dumnezeu: „...și prin sufletul tău va trece sabie". O! Ce sabie! Și-a amintit mai apoi cum la doisprezece ani Îl pierduseră în templu, și El îi mustrase: „De ce era să Mă căutați? Oare nu știați că în cele ale Tatălui Meu trebuie să fiu?"

Se uita și, cu cât Îl privea mai îndelung, simțea tot mai lămurit ceea ce simțea și El. Inima Lui era plină de iubire și înțelegere pentru sărmanii care strigau:

– Răstignește-L!

El îi vedea prizionieri ai urii și neînțelegerii și, plin de dragoste, a spus:

– Părinte, iartă-le lor, căci nu știu ce fac!

Mulți Îl batjocoreau în fel și chip. Unul dintre tâlhari Îl batjocorea și el, cu toate că era el însuși răstignit:

– Nu ești Tu Hristosul? Mântuiește-Te!

Hristos l-a privit cu dragoste și numai Maica Sa a văzut aceasta. Lacrimi fierbinți i s-au rostogolit pe obraji. Privea la cei doi tâlhari răstigniți și simțea că parcă ar fi copiii ei. Apoi își aminti deodată de cei doi copii de tâlhari pe care îi alăptase. Pentru prima oară simțea că fiecare om este fiul ei, într-un fel... Și pentru prima oară a trăit vorbele Lui, care spuneau: Aproapele frate îți este.

Al doilea tâlhar însă a spus:

– Doamne, adu-Ți aminte de mine când vei fi în Împărăția Ta!

Iisus a răspuns cu bunătate și iubire de frate:

– Adevăr îți spun că astăzi vei fi cu Mine în Rai!

Și încă din clipa aceea, ea a știut că așa avea să fie..., că El pe toate le știa...

A privit Hristos la mama Sa și, arătând cu ochii pe Ioan, i-a spus, plin de grijă pentru ea, cea care-L crescuse și pe care o iubea nespus:

– Femeie, iată fiul tău!

Apoi, adresându-i-se lui Ioan, cel mai iubit și credincios dintre apostoli, care sta la picioarele Crucii, spuse cu multă dragoste și adânci înțelesuri:

– Iată Mama ta!

Ca totdeauna, Se gândea la ceilalți, și nu la Sine. Îngrijea de mama Sa, lăsând-o în grija celui mai iubit dintre ucenicii Lui. Sfânta Maică nu-și dezlipea ochii de la Dânsul. Îi simțea sufletul plin de dragoste, dar începea să întrevadă, ca o urmă de umbră, ceea ce El vedea cu ochii Lui de Ființă cerească, dincolo de zare... Și înțelegea, pentru a nu știu câta oară, că El fusese Fiul ei o vreme, iar acum era cu Tatăl. Iar aceasta îi da putere. Sta acolo la picioarele Lui și-I simțea tot zbuciumul și încordarea care L-au cuprins deodată, Îl privea cu toată dragostea ei și încerca să se desprindă din durerea care îi strângea inima ca un clește. Iar El a spus:

– Eli, Eli, lama sabacthani? Doamne, de ce M-ai părăsit?

Ea s-a cutremurat și, căzând în genuchi, s-a rugat fierbinte la Dumnezeu pentru Fiul ei, pentru Fiul Lui.

Hristos, Care știa că s-a împlinit Scriptura, a spus cu glas ce venea parcă din altă lume:

– Mi-e sete!

Nemișcată, cu mâinile împreunate în rugăciune mută, a privit îndurerată cum oamenii aceia lipsiți de inimă Îi duceau la gură o cârpă înmuiată în oțet. După ce a luat oțetul, a spus deplin liniștit:

– S-a sfârșit! S-a împlinit!

Ea știa că nu despre moartea Lui vorbeau cuvintele, ci despre lucrarea pe care răstignirea Lui o încheia. Un nor de dragoste Îl înconjura. Și dragostea din sufletul Lui era așa de mare, încât o mângâia de toată durerea ei de mamă.

Pe la ceasul al șaselea s-a făcut întuneric adânc, perdeaua templului s-a rupt în două, fără să o atingă cineva. Pământul s-a cutremurat.

Au fugit care încotro. Întunericul a ținut până la ceasul al nouălea, când Hristos a strigat cu glas mare:

– Tată, în mâinile Tale Îmi încredințez duhul!

Cei care Îl iubeau, ucenicii și femeile care Îl însoțeau în Galileea, au rămas la picioarele Crucii. Ea, Maica durerii, nu mai avea lacrimi și simțea, cum simțise de când i se înfățișase Arhanghelul Gavriil, că participă la fapte peste înțelegerea ei, care însă erau pline de sens și iubire dumnezeiască. De atunci, pe toate le primea și le dăltuia în inima sa de mamă, ca pe o neprețuită comoară, surâzând tainic Cerurilor.

Cearta celor trei minunate flori

În clipa în care Hristos a murit răstignit, a fost cutremur mare și s-a făcut întuneric așa de adânc, de puteai jura că este miezul nopții. Maica era la picioarele Crucii, pe care răstigniseră pe Fiul. Când a înțeles că El a murit, durerea a fost așa de mare, că a leșinat și într-o străfulgerare a văzut ceva minunat. Din trupul lui Hristos, în întunericul acela de miez de noapte, a răsărit soarele, ca semn că întunericul nu poate birui Lumina. Din acest soare s-au desprins trei minunate raze, care au ajuns: una în mijlocul luncii, alta în vârful muntelui, iar a treia în sufletul creștinului. În locul în care razele ating pământul, au răsărit trei miraculoase flori: Floarea grâului, Floarea vinului și Floarea mirului. Toamna, florile acestea s-au scuturat și, purtate de înțeleptul vânt, semințele lor au împânzit pământul care le-a primit la sânul său ca o mamă bună.

Maica și-a îngropat cu mare jale Fiul, după obiceiul strămoșesc. Tristețea ei a fost fără margini. S-a luptat să trăiască în continuare pentru că El era pretutindeni și ca, prin viața ei, să ducă cuvântul Lui mai departe celor ce aveau să vină. Iat-o pe drum, după treburi. Este obosită și se oprește la marginea drumului pe o piatră, ca să-și tragă sufletul. Deodată cu urechea sufletului aude o ceartă:

– Eu sunt cea mai maaare!

– Taci tu! Eu sunt mai mareee și mai frumoasă!

– Țipați zadarnic amândouă! Eu sunt cu adevărat mare!

– Eu, Floarea grâului, sunt mai mare și mai grozavă, pentru că din grâu se fac pâinea de pe masa creștinului, colacii de nuntă, botez și pomană! Din grâu se face prescura Împărtășaniei! Ca mine nu-i nimeni sub soare!

– Ia nu te mai fuduli atâta! a strigat supărată modesta Floare a vinului. Fără mine, nimic nu se poate, pentru că fără vin nu e veselie, nu e bucurie și mai ales nu este Sfânta Liturghie! Iar, fără bucurie și credință, la ce bun să mai trăiești? Auzitu-m-ați?

– Aveți gură mare și credeți că, dacă strigați, aveți dreptate! Eu sunt mai mare! Fără floarea mirului nu este botez, nu este mirungere, nu vine Sfântul Duh! Și atunci la ce bun pâine, bucurie, Împărtășanie, Liturghie? Pe mine ar trebui să mă slăvescă toată suflarea!

Astfel se sfădeau florile, iar Maria cu bunătatea ei obișnuită le împăcă:

– Tăceți voi, flori-surori, nu vă mai sfădiți, căci la fel de mari toate trei sunteți! Dar știți voi oare cum ați venit pe lume, voi care sunteți atât de frumoase?

– Nu știm! Nu știm! Spune-ne!

– Frumoasele mele, am să vă povestesc, deși inima rău mă doare când îmi amintesc. Înainte să fie răstignit, Hristos a fost crunt biciuit, de I-au sfâșiat carnea pe spate. Când Fiul meu a murit pe Cruce, de pe frunte I-au curs stropi de sânge și sudoare. În clipa în care Și-a dat duhul, trei raze de soare au atins pământul, în trei locuri deosebite, și au prefăcut: carnea Lui, în grâu, sângele Lui, în viță de vie, sudoarea Lui, în busuioc... Dragile mele flori-surori, sunteți la fel de mari, la fel de minunate, la fel de sfințite...

Și toate acestea au fost prevestite de cei trei Magi care I-au adus Pruncului aur, smirnă și tămâie, căci El este Regele iubirii, Credința în Dumnezeu și Învierea.

Astfel le-a grăit Maica Domnului, Ușa Cerurilor, celor trei minunate flori. Florile au înțeles că se sfădesc degeaba și de atunci se au ca surorile și-și surâd una alteia, și soarelui, și tuturor îngerilor.

Legenda corbului

Se spune din bătrâni că, atunci când Dumnezeu a făcut păsările, corbului i-a dăruit un minunat penaj bogat, multicolor și strălucitor, un glas duios, care îmbăta auzul și minuna întreaga suflare. Multă vreme, corbii s-au bucurat de aceste neprețuite daruri, cu care au sporit frumusețea și bogăția cea adevărată a lumii celei văzute, dar și a celei nevăzute, căci cântările păsărilor se înalță până la Ceruri purtate de lumină sfântă.

Dar iată, veste grozavă a înconjurat pământul: Hristos este pe Cruce!

Toată firea s-a cutremurat. Corbului, ca și altor vietăți, nu i-a venit să creadă. „Cum să moară Domnul Luminii, Bucuria Vieții, Fiul lui Dumnezeu? Așa ceva nu se poate întâmpla!"

Toate paserile cerului au alergat pe Golgota, nădăjduind că nu vor găsi nimic și că totul n-a fost decât un zvon, ca atâtea altele... Nenorocire! Vai! Era adevărat!

Acolo, pe Cruce, era El, răstignit, rugându-Se la Dumnezeu să-i ierte pe bieții oameni care nu știau ce fac! Cerul se întunecase, catapeteasma templului se crăpase, un bubuit grozav se rostogolea din înalturi..., corbul și-ar fi dat viața ca să-L salveze, dar nu îndrăznea să se apropie de Hristos.

Deodată a văzut-o pe ea, Mama Lui, Cheia Împărăției, și, cu multă sfiiciune, s-a apropiat de ea ca s-o mângâie cumva... și, când s-a apropiat, corbul a văzut doliul ce cuprinsese inima Maicii Domnului și care avea să cuprindă, mai apoi, toată firea..., doliul după Hristos.

Pe măsură ce tristețea, jalea și durerea cerneau inima bietului corb, penele lui au început să-și piardă strălucirea și culoarea, au devenit mai întâi cenușii, apoi negre și, în fine, întunecate cu totul. Inima corbului ce se zbătea între durerea pentru patimile lui Hristos, compătimirea pentru Maică și mila pentru omenirea oarbă i-a schimbat și glasul care a devenit bocet deznădăjduit, un croncănit urât, dătător de fiori, prevestitor de moarte...

Maica Domnului a văzut toate acestea și, cu mâinile sufletului, l-a mângâiat pe bietul corb și cu multă duioșie i-a spus:

– Nu plânge după haina cea frumoasă de pene și nici după glasul plin de miere! Du-te în lume, iar penele tale negre și croncănitul tău urât să vestească moartea ca poartă a Învierii. Și să amintească oamenilor pururea că și Cerul cu toți îngerii lui prin Hristos a cunoscut moartea care deschide ușa Învierii.

Omida – simbolul metamorfozei

Hristos Și-a dat duhul, și Iosif din Arimateea a mers la Pilat și a cerut trupul Lui, ca să-L îngroape după datină. Cu inima plângând, ucenicii și femeile L-au uns, L-au înfășurat în giulgiu, L-au pus în mormânt și au prăvălit deasupra o lespede mare și grea ca timpul însuși.

În această vreme Preasfânta Maică, peste măsură de îndurerată, n-a vărsat nici măcar o lacrimă. Sta și privea în jur, pierdută în durere. Ce ar fi putut-o mângâia? Deși știa rostul morții Lui, tot simțea durerea. Ochii ei se opriră pe omida aflată pe o frunză, care mergea târându-se, mânca lacom omorând frunza, fugea de soare și niciodată nu-și ridica fruntea spre lumină. Oriunde murea și putrezea ceva, ea și frații săi erau prezenți.

„Urâte vietăți și omidele astea!" își spuse în sinea ei.

Deodată omida se opri din devorarea frunzei, de parcă o auzise. Ea se așezase pe spatele frunzei, către codiță, și robotea de zor, să facă fir minunat și să se înfășoare. Muncea cu spor torcând fir străveziu, strălucitor, subțire, subțire, dar foarte tare, și în scurt timp s-a prefăcut într-o gogoașă albă, pufoasă din mătase lucitoare.

„Vietățile astea mărunte nu știau ce se întâmplase, își vedeau de ale lor, și apoi, ce le păsa lor?! Nu știu și poate nici nu trebuie", gândi în sine Maica.

Suferința a mai ostoit după căderea nopții, când a rămas singură lângă mormântul Fiului și a putut lăcrima în voie. Privea în jur deznădăjduită. Toate îi păreau fără rost, și durerea ei de mamă nu putea cuprinde înțelesul morții Fiului. Nici o mamă nu se poate împăca ușor cu moartea copilului ei. Inima se zbuciuma, cugetul se zbuciuma, dar răspuns nu găsea și nu înțelegea cu nici un chip ce are să fie cu ea după această moarte.

Și începu a se ruga..., și se rugă până când, la răsărit, cerul prinse a se lumina. Lumea își vedea de mersul ei.

Cum sta Maica și se ruga să-și alunge zbuciumul, în zori, când primele raze de soare au luminat locul, ochii i-au căzut iar pe gogoașa de mătase pe care o privise cum se țese în ajun. Acum părea că mișcă..., deodată s-a găurit și încet, încet, încet din ea a ieșit un fluture minunat, ce și-a întins aripile multicolore, mari, gingașe, și într-o clipă și-a luat zborul. S-a tot rotit pe florile și frunzele din jur, s-a așezat o clipită pe mâna Mariei, ca și cum ar fi mângâiat-o, apoi pe neașteptate s-a ridicat în înaltul cerului de primăvară...

Deodată Maria a înțeles. Dumnezeu îi vorbise prin omidă și fluture și îi dezvăluise Marea Taină:

După moarte este viață, Hristos va Învia!

Vrăbiile cele modeste

Hristos a fost răstignit și îngropat, iar Maica Domnului umbla plângând și jelindu-se de durere în sinea ei. Nu spunea nimic, dar, pe unde mergea ea, cu inima suspinând mereu, jalea cuprindea întreaga fire: pietre, lut, iarbă, flori, copaci, gâze, păsări, târâtoare, pești și alte animale..., toate se plecau îndurerate și triste. Odată Maica s-a oprit într-o margine de câmp. Și, cum sta ea luptându-se cu jalea care îi oprea respirația și bătăile inimii, a văzut o vrăbiuță...

Deodată și L-a amintit pe Iisus copil. Plecase după treburi, iar El Se juca în fața casei cu noroiul rămas după ploaie. Cu mânuțele Lui mici, modelase păsărele, pe care le aliniase la soare, să se usuce... Iar ea tocmai se întorcea de la treburi și a văzut tot. Un băietan din vecini, înciudat pe îndemânarea Lui și mirarea celor ce vedeau păsărelele și-L lăudau, se repezise să lovească micile zburătoare cu piciorul. Îndurerat la gândul că dragile Lui păsărele vor fi zdrobite, micul Iisus încercase mai întâi să le apere cu brațele Lui, dar apoi spusese din tot sufletul:

– Zburați, dragi păsărele! Zburați, dragi păsărele!

Și păsărelele de lut au prins viață, au dat repede, repede din aripi și s-au înălțat.

Până să se dezmeticească privitorii, Maria L-a luat pe micul Iisus de acolo, dar, ajunși acasă, au râs pe săturate, amândoi, de bucurie că păsărelele fuseseră salvate. Când a privit în jur, Maica Domnului s-a văzut înconjurată de un stol întreg de vrăbii, care, rând pe rând, se apropiau de obrajii ei plânși și o mângâiau blând cu aripile. Privea mirată la penajul pământiu al vrăbiilor, la zbaterea lor, asculta ciripitul lor neliniștit. Încet, încet și-a dat seama că vrăbiile îi vorbeau și s-a străduit să audă și să înțeleagă ce-i spuneau micuțele zburătoare:

„A treia zi va învia și Se va arăta apostolilor!"

„A treia zi va învia și Se va arăta celor care L-au iubit și au crezut în El!"

„A treia zi va învia și Se va arăta Pământului și Cerurilor!"

Maica Domnului, auzind cum Dumnezeu – în Care credea neclintit –, cu întreaga Lui zidire, îi vorbeau prin ciripitul vrăbiuțelor, și-a simțit inima liniștindu-se de vestea bună, a prins curaj și apoi a menit cu drag vrăbiuțelor:

– Să nu mai aveți niciodată grija hranei, să stați mai mult pe lângă casele oamenilor, și omul să vă ocrotească, să vă iubească, să vă dea firimituri de pâine, iar voi, cu ciripitul vostru zglobiu, să-i dați liniște și bucurie, să-i vorbiți despre lumină, iubire, credință, despre minunea și frumusețea lumii, pentru care El S-a jertfit dăruindu-i un nou început! a spus Maica cu un zâmbet care i-a biruit tristețea.

Nevasta lui Pilat

Într-o zi, nevasta lui Pilat cheamă în mare taină la sine pe Maria, Maica lui Hristos. Pe ascuns, o duce în grădină, unde se așază amândouă pe o băncuță sub o boltă de viță-de-vie plină de ciorchini uriași (deși nu era vremea strugurilor).

Maica Domnului învățase de mult să nu se mai mire de nimic, să înțeleagă zbuciumul sufletesc al fiecăruia, să nu judece și să pună vorbele oamenilor în tainița inimii.

– Femeie bună, iartă-mă că te-am pus pe drumuri...

– Nu-i supărare..., a spus blând Maica.

– Vreau să-ți mărturisesc că și eu sunt creștină..., dar asta este o taină. Pilat s-ar mânia grozav să știe.

– Domnul fie cu tine!

– Te-am chemat să-ți povestesc o minune ce mă tulbură foarte mult.

– Te ascult bucuroasă.

– Am fost și eu pe Golgota, deși era primejdie mare să fiu recunoscută. Am luat un coș pentru ouă și m-am făcut că merg la piață. Chiar am mers până la piață și am cumpărat ouă, dar la întoarcere am ocolit și am ajuns, neștiută de nimeni, la picioarele Crucii. Nu știu cum, dar câțiva stropi din sângele Lui au picat pe rochia mea și pe ouăle din coș.

Se opri o clipă, apoi continuă:

– Când am ajuns acasă, am gătit degrabă ouăle, care toate se roșiseră de la stropii aceia de sânge. Apoi am luat rochia și, cu spaimă și în mare taină, am îngropat-o în grădină, temându-mă că, dacă puneam o slujnică să o spele, s-ar fi aflat că am fost acolo... A doua zi, în zori, în locul unde am îngropat rochia răsărise vița aceasta pe care o vezi aici, iar, a treia zi era încărcată doldora cu ciorchini. Și oricâți ciorchini am culege, degrabă cresc alți doi în loc. Este tot timpul plină de rod, deși nu este vremea strugurilor.

– Minune dumnezeiască!

– Așa cred și eu și am vrut, ca tu, ca Maică a Lui, să vezi minunea aceasta. Tu poți s-o spui lumii spre mângâiere... Este încă una din minunile Lui.

– Așa-i, eu o pot povesti pe unde merg, a spus Preacurata și s-a ridicat să plece.

– Nu pleca până nu-ți dau un coș cu struguri și unul cu ouă roșii! Știi, dacă pun ouă în coșul acela, pe loc se roșesc toate!

Nevasta lui Pilat i-a pus coșurile în mâini, a îmbrățișat-o și a fugit, ca să nu-i vadă Maria lacrimile. N-aveau rost lacrimile ei de străină, în fața îndureratei și nemângâiatei Maici. Maria, Surâsul Cerurilor, de cum a ajuns pe ulițele mărginașe, degrabă a dat darurile primite primilor sărmani pe care i-a întâlnit pe cale... Și, pe unde se adunau creștini, povestea cu drag toate câte le știa despre El și minunile Lui, ca dar de suflet.

Chipul lui Hristos

Dorul după Fiul urcat la Ceruri îndurerera adesea inima Mariei. Încerca atunci să readucă în mintea ei chipul Lui. Această închipuire mai mângâia sufletul ei de mamă pe veci îndurerată, o mai însenina, îi da putere să îndure lipsa Lui. Ce nu știa Maria era că toți cei care-L cunoscuseră cu adevărat simțeau la fel.

Ea, ca Maică a Lui, trăia durerea întregii firi, nu doar durerea ei de Mamă. După astfel de clipe binecuvântate, întorcându-se printre oameni, i se întâmpla un lucru minunat. Zile întregi, în chipul oamenilor pe care îi întâlnea în cale găsea ceva din chipul lui Iisus, o trăsătură, o lumină, o trăire, un gest...

În ochii unui prunc regăsea nevinovăția din privirea Lui, iar în privirea unui pustnic, toată înțelepciunea ochilor Lui. Pe chipul unei mame care își alăpta pruncul regăsea iubirea nemărginită, fără judecată, pe care El o revărsase asupra tuturor acelora pe care îi întâlnise în cale.

Recunoștea blândețea Lui în duioșia cu care un bunic ori o bunică își mângâia nepoții, spunându-le o poveste veche și cuminte. Liniștea unui bătrân care a trăit mult în curățenie și adevăr, făcându-și datoria, o știa nelipsită de pe chipul, din vorbele și gesturile Fiului.

Bunătatea din iertarea unui preot care spovedește un credincios o zărise adesea în grăirea Lui, pe când propovăduia și îi învăța pe ucenici.

Demnitatea unui om nobil îi amintea de măreția ținutei și gesturilor Sale, de cumpătarea și puținătatea vorbelor rostite.

În iubirea ce umple ochii îndrăgostiților regăsea iubirea de aproape care-L însuflețise în toți anii când fusese printre oameni.

Dârzenia de pe chipul soldaților îi amintea de hotărârea cu care izgonise pe negustori din templu.

Bucuria senină de pe chipul unui savant care tocmai a făcut o mare descoperire era mereu prezentă pe chipul lui Iisus, ori de câte ori privea un om.

În încruntarea sprâncenelor unui fierar ce călea fierul în atelierul său întrezărea virtutea și tăria Lui.

Prezența maiestuoasă a unei regine lăudate și iubite de supușii ei îi aducea în minte și suflet negrăita noblețe a faptelor și chipului Fiului.

Suferința și însingurarea din lacrimile unui vagabond muribund, părăsit de toți, era tocmai durerea din ochii Lui, când vedea păcatele și neputințele sărmanilor oameni.

În curajul marinarului ce pleca din nou pe mare, după ce abia scăpase din mijlocul furtunii, vedea o parte din marele Lui curaj de a-Și lua Crucea.

Lumina care învăluie un credincios ce citește Evanghelia o văzuse de nenumărate ori la El, pe când Se afla printre oameni.

El era mereu și pretutindeni. El era în toți oamenii și peste tot, iar aceasta o durea și în același timp o mângâia și o împăca, cu tot ceea ce îi fusese dat. Voia să fie cu adevărat Maica Lui, Biserică a lui Dumnezeu, Cheie a mântuirii... Surâsul Cerurilor.

Povestea Muntelui Athos

După Înălțare, Maica Domnului nu s-a retras din lume. Așa cum i-a poruncit Fiul ei, Care a lăsat-o în grija celui mai iubit ucenic al Său, ea a mers în casa acestuia din satul Ghetsimani. În casa lui Ioan, Maria lucra alături de alte femei, țesând, vopsind fire ori pânză, făcând haine, gătind bucate pentru săraci, văduve, orfani... Venea multă lume să o vadă de foarte departe, mai ales femei. Viața sa era cu totul pilduitoare, iar înfățișarea ei era dumnezeiască: înaltă, dreaptă, pielea ca piersica, ochii ca măslina coaptă, ovalul feței luminos și blând, neobositele mâini și picioare, mici, frumoase, cu mișcări unduioase, îmbrăcată în roșu stins și vinețiu. Se mișca cumpănit și cu mare grație, tăcea mult, dar tăcerea ei te mângâia și îți dădea putere, avea ținută de împărăteasă, care impunea un respect tot atât de mare ca și smerenia ei. Nu mânca toată ziua, deși muncea mult, ci doar seara, foarte puțin, apoi se retrăgea la rugăciune, ce dura o bună parte din noapte. Adesea avea visuri prevestitoare, pe care dimineața le cerceta cu mintea, dar le închidea în sufletul ei și nu le mărturisea nimănui.

Pe lângă Maica Domnului trăiau Marta și Maria, care nu voiseră cu nici un chip să se despartă de dânsa, dorind să se mângâie cu prezența ei de lipsa Lui. Fratele lor devenise episcop al Ciprului. Pentru că îl cuprinsese un mare dor de surorile sale și de Maica Domnului, el a trimis o corabie ca să le aducă în Cipru.

Văzând atâta prețuire, voind să cinstească darul primit și temându-se că ar putea supăra refuzându-l, dar mai ales pentru că avusese un vis minunat, în care ea aducea noi flori în grădina credinței, Maica Domnului s-a înduplecat și a pornit la drum. Împreună cu cele două surori ale episcopului, ea s-a îmbarcat pe corabia trimisă.

Călătoria a fost tare lungă, anevoioasă, obositoare. Ar fi vrut toate trei să ajungă mai degrabă. Dar Dumnezeu hotărâse altfel. Pe mare începu o furtună grozavă. Zile întregi vânturile au purtat corabia încolo și încoace, spre groaza călătorilor, care se rugau neîncetat. Furtuna cea grozavă a abătut până la urmă corabia din drumul ei și a îndreptat-o spre locuri necunoscute. Astfel au ajuns în preajma unui munte foarte înalt, destul de golaș, care se ridica direct din mare, falnic și măreț. Muntele Athos, căci așa se numea, era plin de temple vechi și statui ale zeilor greci și romani. Când corabia s-a apropiat, statuile au căzut și s-au sfărâmat, iar locuitorii au alergat înspăimântați la țărm, crezând că un grozav cuceritor are să coboare din corabie, cu oaste numeroasă, ori vreun mare preot, făcând minuni la tot pasul... ori poate un vestit vrăjitor... Mare le-a fost mirarea când au văzut coborând din corabie trei femei modeste.

Nu știau că una dintre ele era, prin modestie, cel mai mare cuceritor, prin blândețea vorbei, un adevărat mistic, și prin credință, cel mai smerit preot.

Maica Domnului, care primise și ea darul apostolilor, însă nu știuse până atunci, a început pe dată să le vorbească, în limba lor, despre credința creștină, despre Iisus Hristos, despre Golgota, despre jertfa Lui, și pe loc ei au crezut întru darul mântuirii pe care El l-a dăruit fiecărui suflet.

La această minune au fost martori tăcuți toți călătorii de pe corabie, care mai apoi, întorcându-se la casele lor, au povestit totul, spre pomenire.

La plecare, corabia a ocolit acel munte maiestuos, iar Preacurata, privindu-l, a închis ochii și a zis în sinea ei: „Doamne, aceasta este grădina pe care mi-am dorit-o și aș vrea-o ca dar de la Tine!"

Și dorința ei a fost auzită, căci astăzi Athosul este plin de mănăstiri minunate și de călugări smeriți, cu toții numindu-l Casa Maicii Domnului.

Legenda bujorului roșu

Cum își poate afla vindecare inima unei mame care și-a pierdut Fiul? Ce poate mângâia o astfel de inimă? Numai prezența Lui în tot și toate, în suflet și trup. Maica Domnului lucra cât era ziulica de lungă pentru a uita durerea. Dar seara mai ieșea în grădină, să se răcorească o clipă, înainte să intre la rugăciune.

Într-o seară, sta între flori și a băgat de seamă că bujorii, care până mai ieri erau albi ca laptele, se făcuseră roz ori roșii. Ce se întâmplase oare? Ce poate schimba culoarea unei flori? S-a apropiat de tufa de bujor și și-a cufundat fața în florile lui. Atingerea petalelor i-a amintit mângâierea mânuțelor micului Iisus. O lacrimă mare și grea s-a prelins pe obrazul Mariei. A suspinat învăluită de mireasma suavă a florii... Apoi a auzit un glăscior suav, care semăna cu clinchetul unui clopoțel...

– Am fost o floare albă printre multe alte flori – albastre, galbene, roșii, mov, liliachii, portocalii – și eram foarte somnoroasă... De câte ori a trebuit sfântul soare să mă împungă cu sulițele lui de foc, ca să mă trezesc și eu, după ce toată lumea se săturase de muncă?!

Șugubățul vânt, privindu-mă, se prăpădea de râs prin ierburile și florile din grădină și de pe câmp, neînțelegând cum poate cineva să doarmă atât de mult, când lui, vântului, nu-i ajung toate zilele anului ca să înconjoare pământul tot. Dar niciodată nu uitam ca, alături de suratele mele, să mă rog dimineața și seara. Trebuie să-ți spun că noi, florile, așa mici și neînsemnate cum părem, suntem cu mare luare-aminte. Ascultăm necontenit șoaptele tainice ale Cerului și pământului și privim în jur. Mântuitorului Îi plăcea mult printre flori și nu era floare să nu I se închine, căci era de ajuns ca privirea, mâna sau glasul Lui să atingă o floare, pentru ca ea să primească daruri noi, neașteptate, neasemuite. Am jelit și ne-am frânt, tot pământul s-a cutremurat când El a fost răstignit. Dar iată, după trei zile, la miezul nopții, o lumină orbitoare, mai strălucitoare ca soarele la amiază, a umplut văzduhul. Bătrâna glie s-a cutremurat din nou și, plină de bucurie, a strigat: „Hristos a înviat!" Iar florile, care au fost de față la Învierea Domnului au răspuns din adâncul inimii alături de întreaga zidire: „Adevărat a înviat!" Numai eu, sărmana de mine, îmi dormeam somnul cel dulce... Într-un târziu, freamătul vântului prin ierburi și copaci, zumzetul albinelor, clinchetul albastrului clopoțel, căldura soarelui m-au tezit, și suratele mi-au povestit minunea... Ce rușine! Petalele mele au început să se îmbujoreze, să se facă roz ori purpurii, de rușinea cea mare.

Maria a surâs tainic, l-a mângâiat cu vorba, cu privirea și cu mâna, înțelegând bine îmbujorarea, durerea bujorului, care era și durerea ei.

– El este cu noi în toată clipa și, în loc să plângem, s-ar cuveni să privim în jur la ce-i de făcut pentru a cinsti jertfa Lui, l-a îmbărbătat Maica.

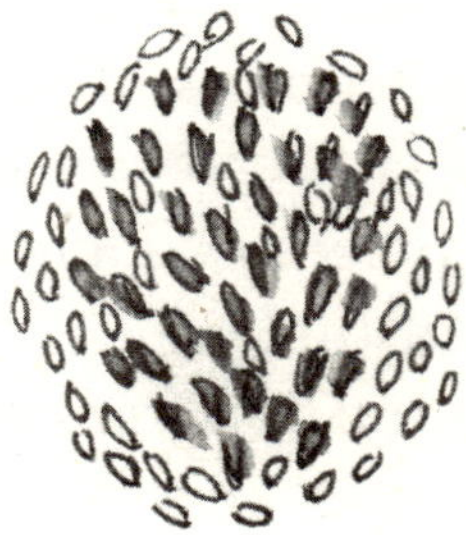

Adormirea Maicii Domnului

Când dorul de preaiubitul ei Fiu îi sfâșia inima, Maica Domnului călătorea prin locurile pe unde propăvăduise El. Iar când își putea aduna tot curajul, refăcea drumul Golgotei, singură și în veci nemângâiată. Rememorând clipele trăite lângă El, tot mai mult înțelegea, taine adânci i se dezvăluiau una după alta.

Când a împlinit șaizeci și trei de ani, a mers pe Muntele Măslinilor, s-a rugat și a plâns. Se ruga și făcea metanii și, cuprinsă de dulceața rugăciunii, n-a văzut că la fiecare mătanie toți măslinii de pe munte se aplecau odată cu ea, arătându-i astfel muta lor cinstire.

Și apoi, mergând în Grădina Ghetsimani, a vorbit cu Fiul ei astfel, căci ea știa că El este viu:

– Dulcele meu Fiu, preaiubite Hristos, mă mai lași mult departe de Tine? Mi-e dor de Tine, Fiu scump, scurtează-mi calea, ia-mă lângă Tine!

Când a terminat rugăciunile, a văzut lângă ea pe Arhanghelul Gavriil, Binevestitorul, cu o ramură de finic în mână, care i-a vestit:

– Bună Maică, pregătește-te, căci peste trei zile Hristos va veni să te ia în Ceruri!

Cu mare bucurie, Maria s-a întors acasă, unde a pregătit casa pentru sosirea celui mai mare Oaspete, împodobind-o cu ramuri și flori bine mirositoare. Apoi cu multă osârdie s-a pregătit pe sine, pe dinafară, dar mai ales pe dinlăuntru, cu lungi rugăciuni, după care s-a culcat pe pat și a așteptat.

Stând astfel, gândul i-a zburat la cei doisprezece apostoli, întrebându-se ce or face, pe unde or fi. Și-a mărturisit sieși cât de mult ar fi dorit să-i mai vadă o dată pe pământ, și ei anume să o ducă pe ultimul drum...

În chip minunat, chiar în acea clipă, câte un nor i-a luat în zbor, pe fiecare, din locul unde se afla, aducându-i la căpătâiul Maicii Domnului. Văzându-se unul pe altul, s-au bucurat nespus și se întrebau: „Care este pricina pentru care i-a adunat Dumnezeu în chip minunat?"

Ea s-a bucurat foarte tare și le-a mărturisit:

– Domnul v-a adus spre mângâierea sufletului meu! Îmi sunteți ca niște fii, iar prin voi sunt mai aproape de El!

După aceasta a vorbit cu dânșii despre toate, dar mai ales despre El. În timp ce vorbeau cu ea, apostolii au înțeles că era o minune sosirea lor acolo, căci norul îi luase de la treburile lor, își curmaseră și vorba, și lucrul început... Și au mai înțeles și de ce fuseseră aduși acolo: Maica Domnului, Ușa mântuirii, Cheia Împărăției, se muta la Ceruri. Fără voia lor, au început a plânge, și lacrimile se prelingeau neostoite pe obraji. I-au vorbit:

– Cui ne lași, preaiubită Maică?

– La tine aveam alinare de toate necazurile și greutățile!

– Vom fi de două ori orfani, de-acum...

– El te-a lăsat nouă...

– Ești ca și Maica noastră!

– Dar acum, ce o să ne facem fără tine?

– Cu tine, eram mai aproape de El!

– Tu ne erai singura mângâiere!

Sfânta Fecioară, Preacurata, Ușa Cerurilor, i-a încurajat, spunându-le:

– De acolo, din Ceruri, vă voi fi mai aproape și voi putea mijloci pentru voi la Domnul... Voi fi mai aproape de fiecare credincios și, prin mine, fiecare va fi mai aproape de El. Toți sunteți fiii mei.

Astfel au vorbit până la ceasul al nouălea, pe înserate. Deodată pământul s-a cutremurat, casa s-a străluminat cu o lumină cerească, iar în mijlocul acestei lumini S-a arătat Însuși Iisus Hristos, Care a întins mâna către Maica Sa, spunându-i cu glas mare, plin de iubire:

– Vino, dulce Maică, Nestemată a iubirii, ești așteptată de Tatăl!

Iar Maria, bucuroasă că este iarăși cu Fiul, I-a răspuns:

– Vin, Fiule! Fie mie după cuvântul Tău!

Apostolii au văzut cum închide ochii, iar pe fața ei se așterne o negrăită bucurie... La o astfel de moarte, jalea nu mai avea rost. Ei au privegheat-o pe Preacurata după obicei. Apostolii o înconjurau jos, pe pământ, iar îngerii, sus, în Ceruri, surâzând.

Antonie – suflet pierdut în întuneric

După priveghere, cu toții au petrecut pe Maica Domnului pe ultimul drum. În tot acest timp, un nor minunat a stat luminos și neclintit deasupra trupului ei. O mare ceată îngerească o însoțea spre cer, nevăzută de ochii obișnuiți. Iar văzduhul răsuna de minunate cântări, pe care mintea omenească nu le poate cuprinde. Toate acestea, deși nevăzute, ci doar presimțite, au tulburat pe necredincioși, care nu înțelegeau de ce se face atâta tevatură pentru mama acelui „tâlhar", Care spunea că este Dumnezeu, dar pare-se că nu Se putuse salva pe El Însuși de la răstignire... Inimile lor lipsite de dragoste îi orbeau, și ei nu vedeau norul luminos și nici mulțimea de îngeri. Îi surzea necredința, și ei nu auzeau minunatele cântări. Au alergat cu arme să împrăștie creștinii și le-au spus cuvinte grele, mânioși foarte fiind.

Printre ei, cel mai mânios și plin de ură era Antonie. El s-a apropiat și a răcnit:

– Aceasta este cea care a născut pe Acela Care a stricat legea! Și mai este și astfel cinstită?

S-a repezit cu sălbăticie și furios a apucat de năsălie, vrând să răstoarne sicriul.

În chiar clipa aceea, Arhanghelul Gavriil, care sta acolo nevăzut de ochii necredincioșilor cu sabia lui de lumină, a tăiat mâinile lui Antonie. Palmele au rămas prinse de marginea sicriului, în timp ce el, privindu-și cioturile sângerânde ale brațelor, a început să urle sălbatic. Deznădăjduit, a mers tremurând de spaimă în fața apostolilor, rugându-i, implorându-i:

– Miluiți-mă pe mine, robi ai lui Hristos! a spus el, amintindu-și deodată că Hristos făcea multe minuni, iar ucenicii Lui, de asemenea.

Sfântul Petru a privit la dânsul cu milă și i-a zis cu glas blând:

– Tu însuți ți-ai făcut rău, și numai tu singur te poți ajuta.

– Cum asta, dar ce, eu pot face minuni?

– Tu nu, dar credința ta poate!

– Spune-mi, omul lui Dumnezeu, ce să fac!

– Să crezi! Spune din inimă: Cred în Hristos Mântuitorul!

– Cred în Hristos Mântuitorul! a spus el din adâncul sufletului, simțindu-și deodată inima înflăcărată de credință și iubire.

O căldură minunată îl cuprinse de îndată.

De cum a spus acestea, mâinile lui, lipite de sicriul Maicii Domnului, au zburat prin aer și s-au lipit la locul lor, pe brațe, ca și cum niciodată nu fuseseră tăiate. Antonie, cu ochii mari de uimire, își privea mâinile. Cutremurat și le întorcea pe toate părțile, înțelegând dintr-odată că se făcuse cu el o minune. Inima i-a fost cuprinsă de o iubire fără margini care l-a purtat la Hristos, și atunci a știut și el că Dumnezeu este Iubire.

Cu toții au mers apoi și au pus pe cea plină de har în mormânt, după obicei. După trei zile, a sosit și Toma și, aflând toate, s-a mâhnit că a ajuns așa târziu și n-a putut să-și ia rămas bun de la cea care le fusese Maică bună tuturor. Jalea lui i-a înduioșat pe apostoli, care au mers în țintirim, au prăvălit piatra de mormânt la o parte, deschizând ei mormântul pentru Toma, ca el, necredinciosul, să o vadă pentru ultima oară. Când au intrat, au înmărmurit cu toții: mormântul era gol!

S-au rugat atunci la Hristos ca El, Atotputernicul, să le descopere ce s-a întâmplat cu trupul Maicii Sale, Cheia Împărăției. Apostolii aveau obiceiul ca, atunci când se întâlneau, să ia cina împreună. La cină totdeauna lăsau un loc liber pentru Hristos, și pe locul acela puneau și o bucată de pâine și un strop de vin. Așa au făcut și de data aceasta și, cât a durat cina, au vorbit despre lipsa trupului Maicii din mormânt. La sfârșitul cinei, când și-au îndreptat privirile spre locul lăsat pentru Hristos, au auzit cântare îngerească și au văzut pe Născătoarea de Dumnezeu, plutind, ca vie, în văzduh, înconjurată de un sobor de îngeri, care le-a spus cu glas blând și dulce:

– Bucurați-vă pentru mine, că sunt cu Fiul! Voi fi cu voi în tot ceasul...

Așa că s-au dus la mormânt să pună piatra la loc. Au pus-o și, deodată, au simțit o mireasmă de Rai. Au privit în jur și au văzut o plantă urcătoare, ce nu era mai înainte acolo, care crescuse peste noapte și îmbrățișase mormântul. Ea înmiresma aerul, ca un semn. Au numit-o „Floarea Maicii Domnului". Și, privind-o, cu toții și-au amintit chipul Mariei și au surâs și ei.

Adevărata bucurie

Deși de obicei mai mult tăceau, un pustnic a fost întrebat de ucenicul său:

– Care este lucrul cel mai greu de dobândit?

– Smerenia!

– Oare ce este smerenia? Să cunoști totul?

– Nu! răspunse liniștit pustnicul.

După un răstimp de tăcere, ucenicul întreabă:

– Deplina smerenie este iubirea de aproape?

– Nu chiar!

Ucenicul își mai frământă mintea ceva vreme, și apoi întrebă:

– Atunci desăvârșita smerenie o cunoști când dăruiești totul?

– Deloc!

Urmă iarăși o tăcere lungă.

– Smerenie înseamnă deci să te sacrifici pentru aproapele tău?

– Nici una din acestea nu este adevărata smerenie.

– Atunci smerenia este bucuria cea adevărată?

– Deplina smerenie este cea îngerească și cuprinde tot ce tu ai spus, și mai mult decât atât!

– Și cum o poți afla?

– O cunoști numai atunci când, asemenea Mariei, urmărit de dușmani hotărâți să-ți ia viața, singur, cu hainele ude, flămând, tremurând de frig, vei fi gonit, batjocorit și alungat cu vorbe urâte și grele, ca și cum ai fi un cerșetor vagabond..., și vei primi toate acestea surâzând cu seninătate, cu iubire și răbdare. Și, mulțumind pentru toate, le vei închide în inima ta ca pe o comoară scumpă, căci ele te fac mai bun.

Cuprins

Comenzi:
www.librariasophia.ro

Difuzare:
SUPERGRAPH
Str. Ion Minulescu nr. 36, sector 3,
031216, București
Tel.: 021-320.61.19; fax: 021-319.10.84
e-mail: contact@supergraph.ro
www.librariasophia.ro
www.sophia.ro

Tipar: ARTPRINT
E-mail: office@artprint.ro
Tel.: 021 336 36 33